【経営学論集第88集】公共性と効率性のマネジメント
―これからの経営学―

日本経営学会〈JABA：Japan Academy of Business Administration〉編　　　千倉書房発行

目　次

序 ……………………………………………日本経営学会第91回大会委員長　松田　陽一── 2

統一論題〈公共性と効率性のマネジメント―これからの経営学―〉

　統一論題趣旨 ……………………………………第91回大会プログラム委員長　夏目　啓二── 4
◆サブテーマ① 医療・福祉組織のマネジメント
　非営利組織としての病院経営の方向―医療制度，病院価値，BSCを手掛かりに―
　　　　　　　　　　　　　　　　　　　　　　　　　　　　　日本大学　髙橋　淑郎── 6
　医療の質評価と人材育成 …………………………………………同志社大学　瓜生原葉子── 16
◆サブテーマ② ソーシャルビジネスのマネジメント
　ソーシャルビジネスの二面性―主体と活動のマネジメント―　明治大学　出見世信之── 24
　クラウドファンディングによるネグレクテッド疾病薬開発ベンチャーの
　　存続可能性について ……………………………豊橋技術科学大学　藤原　孝男── 33
　社会的企業のマネジメントの困難と可能性
　　　　　　―協同組合による介護・生活支援を事例にして―
　　　　　　　　　　　　　　　　　　　　　　　　　　　　　関西大学　橋本　理── 43
◆サブテーマ③ 公共性と効率性のマネジメントからみたCSR
　中小企業CSR経営実態調査結果とCSR経営の展望 ……………近畿大学　足立　辰雄── 52
　「効率性」による「公共性」包摂としてのCSR経営とその限界
　　　　　　―企業不祥事に関連して― ……………………国士舘大学　桜井　徹── 62
　「社会的器官」としての企業のCSR ………………………長崎県立大学　三戸　浩── 65

〈日本経営学会賞受賞報告〉
　著書部門：製品開発と市場創造―技術の社会的形成アプローチによる探求―
　　　　　　　　　　　　　　　　　　　　　　　　　　　　　神戸大学　宮尾　学── 72

日本経営学会第91回大会プログラム ……………………………………………………… 81
編集後記 ………………………………………………日本経営学会理事長　百田　義治── 89

序

日本経営学会第91回大会委員長　松　田　陽　一

　日本経営学会第91回大会は，2017年8月30日から9月2日までの4日間，岡山大学津島キャンパスを会場として開催されました。

　統一論題テーマとして「公共性と効率性のマネジメント—これからの経営学—」を掲げ，さらに3つのサブテーマとして①医療・福祉組織のマネジメント，②ソーシャルビジネスのマネジメント，③公共性と効率性のマネジメントからみたCSRを設定し，議論を深めることとなりました。これらは，夏目啓二委員長を中心に，約2年をかけて大会プログラム委員会で企画されたものです。このテーマの意図は，公共性と効率性という一見すると対極的にある概念について，再度，この時だからこそ議論してみよう，ということです。

　議論は，大会開会式の夏目委員長による主旨説明から始まりました。3つのサブテーマにおいては，150部用意した報告者資料がすべてなくなり，後に写真でみると座席数約400の会場の半数以上が埋まっているということが物語るように，多くの会員の方々と熱・厚い議論が交わされ，共有されたものと確信しています。

　上記の統一論題の議論以外に，この統一論題テーマを基にしたワークショップ1は，2名の報告者（両者とも実務者）の報告内容を俎上にして，シンポジウム的に催してみました。約80名超の参加があり，報告者を中心に，参加者である多く会員の方々と熱心な議論が交わされました。とくに，報告者が考慮している公共性と効率性は対極的か，というある意味で一面的な考え方を巡って議論が交わされました。

　本大会においては，さらにワークショップ2があり，これら以外にも部会推薦，およびCFP方式で募集した自由論題，英語，院生による79ものセッションが繰り広げられました。最終日の午後からは学会賞セッションも行われました。

　懇親会は9月1日・午後6時半から岡山駅西口・ANAクラウンプラザホテル岡山で行われました。地元経済界代表の歓迎挨拶からはじまり，倉敷の老舗旅館・女将による倉敷観光案内，山陰観光ビデオ映写，最後のじゃんけん大会等々，90分ほどの宴は，本当に短時間で終わったように感じました。

　中国地方・岡山県ということで参加者の少ないことが，大会開催を受託して以来，非常に懸念されましたが，結果的に450名超の参加，また懇親会においては200名超の参加があり，完全にではありませんが，当初の懸念は払しょくされたものと思っています。

　本大会の運営スタッフは，5名の会員と8名の学生アルバイトです。この13名で大会運営を行いました。いろいろとご迷惑をおかけしたとは思いますが，何とか60点の合格点をいただける大会ではなかったか，と思っております。これも百田学会理事長をはじめ，数多くの理事の方々，プログラム委員長を中心とした委員の方々，また報告・司会・討論者，および参加いただきました多

くの会員の方々，改めまして御礼申し上げます。本大会が無事に終了できましたのは，ひとえに，これら多くの方々の自己マネジメント意識，および知的で熱情的な協働行為につきるものと思います。

　そして，その開催運営の幸運な立場に就かせていただいたという感謝の念でこの序文を終わりたいと思います。最後に，スタッフ一同より，「大会に運営につきまして，ご協力ありがとうございました」と申し上げさせてください。

統一論題趣旨

第91回大会プログラム委員長　夏　目　啓　二

　19世紀末から20世紀初頭の経営学の研究対象は，主に企業経営であり，それは，社会における有用な経済的道具（あるいは主体，システム）として見なされ，人類における重要な創造（発明）物として今日に至っている。ところが，昨今，企業の公共性が強く問われるようになった。例えば，米国における経営学の発展をみても，企業の公共性がストレートに議論の俎上にあがっていたわけではない。しかし，その百年を超える歴史を経て，社会からとくにその存在意義やCSR（企業の社会的責任）を問われ続けるようになり，企業活動における公共性の議論は一般化しているように思われる。

　しかし，今一度振り返ってみると，この公共性と効率性という概念について，経営学はどのように認識してきたのであろうか。公共性と効率性とのバランスの重要性を指摘しながらも，結果的に両者はトレード・オフの関係を越えられない，という議論に落ち着いてきたのではないだろうか。しかも，今日，論理的・実践的にも経営学に由来するマネジメント概念が，社会に普及・拡大してきた現実がある。

　昨今，多様な社会的ニーズに対応することで社会的価値を創造し，その結果，経済的価値が創造されるという新たな動きが多様な形で現れ始めている。それに対応していくためにも，企業の社会的存在と社会的責任の議論を踏まえ，営利組織および非営利組織を問わず，企業を含む多様な組織に対して，公共性と効率性のマネジメントに焦点を当てて議論すべきではないだろうか。近年，営利組織はもとより，非営利組織を取り巻く社会的，そして経済的な環境変化はその大きさを増し，また，そのスピードも速くなっている。その非営利組織を代表するものに，例えば行政組織や医療組織があるが，いずれの組織においても経営学的な視点からの対応や手法の導入が急がれる状況にある。

　行政組織では，財政の悪化とともに，事業の優先順位付け，予算の効果的配分，効率的運用が強く求められている。このため，とくに，重要な課題に集中して取り組む基本方針が必要になっている。また，医療組織では，我が国における高齢化の進展や医療の高度化による医療財政の圧迫，そのための医療費抑制の流れの中でコストマネジメントの必要性が強く叫ばれるようになっている。その施策の中に，大学から附属病院を切り離し，別法人化することを認める規制緩和を検討していることがある。

　他方で，営利組織の研究・実践において関心が注がれていることに，社会的起業がある。より良い社会を構築するために，新しい仕組みを生み出し，変化を引き起こす，そうしたアイデア創出と実践はソーシャル・イノベーションとも呼ばれている。多様な社会的課題の解決には，市民，企業，NPO，政府，国際的諸機関などの立場を超えた新しい枠組みが必要とされつつあるが，これをビ

ジネス化して取り組んでいるのが社会的起業である。

　例えば，公共交通機関であるタクシーの配車アプリサービス（Uber）を手掛けるウーバー・テクノロジーズ社がある。これは，2009年3月に設立され，創業からわずか5年で，58の国・地域の300都市（2015年5月時点）に展開し急成長を遂げているベンチャー企業である。主にタクシー業者を対象とした自動車配車ウェブサイト，および配車アプリの運営が主事業である。その成長の背景には，提供者が所有するモノやサービスについて，利用者が共有することにより成立するシェアリングエコノミーから派生したライドシェアの仕組みがある。また，同社と契約する車（オーナー）はタクシー業に限定されず，宅配業などにも拡大したため，今後，この仕組みを応用して，輸送・物流インフラを幅広く構築していく可能性が指摘されている。

　しかし，他方で，利用者の安全性の確保の問題やタクシー運転手の雇用不安を生み出すなどの問題点も指摘される。このように，従来経営学で議論してきた営利組織における起業の考え方が，ソーシャルビジネスにおいて，その公共性と効率性にも影響を及ぼし，拡大・普及するようになってきており，それに関わるマネジメントも重要になってきている。

　上述のように，従来，議論がなかったわけではないが，非営利組織には，それにおける公共性の再度の見直し，そして改めて効率性が求められる時代である。その一方で，営利組織には，公共性や社会性がさらに強く求められる時代である。今日，こうした時代の流れの中で，新たなマネジメントの在り方が問い直されているといえよう。本大会においては，公共性と効率性のマネジメントというキーワードに基づいて，3つのサブテーマを以下に設定する。そして，非営利組織，営利組織における経営学の新たな意義や役割について議論し，相互の理解を深める機会にしたい。

1. 医療・福祉組織のマネジメント

　非営利組織の中でも医療組織に焦点を当てる。とくに医療行為は，今日，安全性やその質の高度化が要求され，重視される専門職中心の組織である。効率性概念を基本枠組みとしてはマネジメントしにくい面も多いが，経営環境の諸事情の変化から効率化追求が必然的な状況下にある。どのような枠組みや方法があるのか，医療組織の特性を踏まえて議論を行いたい。

2. ソーシャルビジネスのマネジメント

　営利組織における新たなモデルであるソーシャルビジネスのマネジメントに関心が注がれている。社会という大きな枠組みの中で，従来にない公共性を強く意識した新しいビジネスの着想や実践はどのようにして生まれるのだろうか。また，ここにおける効率化の条件とは何なのかについて議論を行いたい。

3. 公共性と効率性のマネジメントからみたCSR

　今日，企業がその活動上，日常的に考慮し続けなければならないものに，CSRがある。これは，社会的な存在としての責任を再度自覚するためにも，また営利活動の行き過ぎによる弊害を防止するためにも，その重要性は指摘されてきている。しかし，その一方で，企業不祥事を根絶できない現実も見られるのである。公共性と効率性のマネジメントという観点から，改めてCSR議論を行いたい。

非営利組織としての病院経営の方向
──医療制度，病院価値，BSC を手掛かりに──

日本大学　髙　橋　淑　郎

【キーワード】医療経営（health care management），医療価値（healthcare value），病院価値（hospital value），バランスト・スコアカード（balanced scorecard），非営利組織経営（nonprofit organization management, not-for-profit organization management）

【要約】本稿は，わが国で非営利組織としての病院経営を，私的病院の経営を中心にして，これまでの先達の研究成果を踏まえ，わが国の医療制度の特徴を確認し，さらに先進諸国の医療における患者や医療サービス提供者の変化を明らかにした。その上で，医療における医療価値研究から病院価値研究への動きを把握し，現在および将来に向けて医療経営で，バランスト・スコアカード（BSC）およびその発展形である Sustainable BSC（SBSC）の有用性を論理的に示した。すなわち，SBSC は，持続可能性コンセプトの 3 つの次元すべてを，その戦略的重要度に応じて統合する BSC であることを示したことで，BSC から SBSC への病院経営の方向を示した。これらの議論より，本稿で議論した病院価値を理解し把握した病院経営者が医師であれ，非医師であれ，払底している現状を確認し，戦略経営実践の枠組みが作れる，リーダーシップを持った人材の育成が急務であることを示した。

1．はじめに

　40 年以上前には，経営学領域からは，「経営学の研究対象は企業であり，病院経営は特殊経営学である」といわれ，医療領域からは「医師でないものが医療経営に口を出すな」といわれる時代であった。当時，唯一，病院経営あるいは病院の内部管理などを研究してきたアカデミックな集団が日本病院管理学会（現：日本医療・病院管理学会）であった。その基盤となったのは，戦後の日本の病院経営を立て直すために設立された国立病院管理研究所（現在は，国立医療科学院に統合）であった。当時，日本病院管理学会では，医療経営で一条勝夫（東北大学⇒国立病院管理研究所⇒自治医科大学），石原信吾（東京大学⇒国立病院管理研究所），病院会計で針谷達志（早稲田大学⇒国立病院管理研究所⇒朝日大学），病院建築で長澤泰（東京大学⇒国立病院管

理研究所⇒東京大学），医学部の講座として島内武文（医師・東北大学），川北佑幸（医師・順天堂大学），三宅史郎（医師・日本大学），倉田正一（医師・慶応義塾大学）などのリーダーシップのもとで，重箱の隅をつつくのではなく，医療政策，医療経営，病院建築，医療情報，病院内部管理などを広く考えてきた。そして現場に則して，プラグティズムを実践し，自由に多角的に病院経営を議論することができた。一方，経営学領域では，山城章（一橋大学）がノンビジネスとして，細井卓（名古屋大学）が非企業経営学として位置付けていた。社会学では杉政孝（立教大学）が病院の人事にアプローチしていた。また，当時，森本三男（横浜市立大学⇒青山学院大学），大須賀政夫（電気通信大学⇒日本大学），小川冽（早稲田大学）や真船洋之助（日本大学）などが病院経営の学問的研究に理解を示していた。

　しかし社会から病院経営の重要性が語られ始

めたのは，ここ25年であり，さまざまな領域からこの分野に参入が始まったのはここ10年である。しかしながら，現場を理解して研究するような本格的な参入は多くない。本稿はわが国の病院経営研究の歴史を理解した上で，近年の病院経営研究の成果を加味して非営利組織としての病院経営の方向を考察する。

2. 病院経営を論じる前提の確認

2-1. 非営利性

　わが国では，国民の多くは「病院経営は非営利であるべき」と考えていることはおおむね受け入れられるであろう。しかしながら医療法で非営利性が担保されているからといった理由は多くの国民は知らない。国は担当課長通達等で，医療での非営利性を守ることを行ってきたが，一般の国民は心情的に，医療で金儲けはしてはいけない，なぜなら「医は仁術」だからといった感覚で，病院経営は非営利といって考えてきたといえる。

　それでは「非営利の持つ意味は」と問いかけると，これまでは「非営利＝利益を出さないこと」と考えられてきた。したがって，Not-for-Profit Organization として捉えられてきたことが多かった。それは病院は長期的に収支均衡であればよいし，少々の赤字は仕方がないといった意見の人々の根拠であった。一方，最近では，Nonprofit Organization として，利益は出すが，特定の人への分配はしないという考え方に次第に変化してきた。しかし，国民の多くは，開設主体の相違や病院と診療所の区別も良くわからない中での漠然とした議論であることは現実問題として考慮しなければならないことであろう。

　病院での利益の捉え方でいえば，民間病院には成長利益が必要（髙橋淑郎，1997）と明示した以前から，公立病院であれば，減価償却前で赤字でなければよいと示した（一条勝夫，2004）もいたが，現在では，事業を行っている

非営利組織としての民間病院は少なくとも，利益を出す必要があり，病院での利益は営利組織のように「結果」として捉えるのではなく，非営利組織である病院は「手段」として認識して行動する傾向が生まれてきた[1]。

　さて，本稿では主として医療法人病院を考える。医療法人が株式会社と異なるところは，営利を目的としての開設が認められていないこと（医療法7条5項）であり，さらに，剰余金の配当が禁止されていること（医療法54条）である。つまり，医療法人には制度として営利性が認められていないと判断できる。

2-2. 医療制度

　日本の医療制度の特徴に関して，筆者は次の5つを考えている。

2-2-1. 国民皆保険制度

　すべての国民が何らかの医療保険制度に加入することである。医療保険は，高齢者であるか（年齢の違い），被用者であるかそれ以外の自営業者・農民・年金受給者等であるか（仕事の形態による違い）の2つの点から制度が分かれる。いずれにしても，日本国民は皆どこかの医療保険制度に加入することになっているので「国民皆保険」と言われる。

2-2-2. 自由開業医制

　医師であれば，診療所も病院も，何処にでも，どの診療科を標ぼうしようと自由に開業できる。ただし現在は医療法で病床過剰地域では病院の開設に制約がある。

2-2-3. フリーアクセス

　国民は，どこの病院の外来でも，どこの診療所でも診療を受けることができるのが，わが国のフリーアクセスの基本になっている。そして地理的なアクセスビリティはまだ確保されていない一方で，国民皆保険によって経済的アクセスビリティは改善されている。

2-2-4. 診療報酬制度

　公的医療保険制度のもとで医療機関が行った医療サービスに対して，保険者から医療機関に

支払われる報酬を「診療報酬」という。支払い対象となる医療サービスの範囲と償還額（報酬額）は，健康保険法に基づいて診療報酬点数表として示されている。この診療と支払の仕組みを診療報酬制度という。

診療報酬点数表は，医科・歯科・調剤の３つに分かれる。これらでは保険医療機関や保険薬局で行われる医療サービスを数千項目に分類し，それぞれに単価を定めている。保険医療機関では，行った医療サービスの診療報酬点数を患者ごとに合算し，１点を10円として計算し，そこから患者負担分を引いた金額を審査支払い機関に請求し，そこで審査し，疑義等問題のない場合，審査支払機関が診療報酬を支払う。

日本の診療報酬制度は，医療機関が実際に行ったサービスの項目と数量に応じて報酬が支払われる「出来高払い方式」を基本としてきた。これは医療サービスを増やせば増やすほど，医療機関の収入が増える仕組みでもあるため，過剰診療を招きやすいという批判がある。このような弊害を避けられるとされるのが，疾患ごとに定められた入院１日あたりの医療サービスの費用に基づいて，患者の入院日数に応じた診療報酬を医療機関に支払う「包括払い方式」である。この方式では，定められた費用の範囲内で効率的な診療が行われ，無駄な投薬や検査が減ることが期待されるが，医療機関は医療サービスを抑制すればするほど利益となるため，医療の質が低下するのではないかという指摘もある。2003年から段階的に，急性期入院医療を実施する医療機関を対象に，包括払い方式を基本としたDPC（診断群分類包括評価）が導入された。

2−2−5. 民間医療機関中心の医療提供体制

わが国の病院の開設主体は，国立，公立，公的，民間，一般社団法人，一般財団法人，公益社団法人，公益財団法人，特定医療法人（国税庁長官承認），基金拠出型法人（出資限度額法人）とさらに公益性の高い社会医療法人（非課税）などがある。このようにさまざまな開設者の医療機関が併存している中で，私的病院が数の上では多いことが，わが国の病院医療の特徴でもある。これらは皆，非営利性の制約のもとにある。さらに保険医療機関は公的に設定された，同一の生産者価格で，それぞれ医療サービスを提供し費用償還を受ける。この公定価格を診療報酬という。そのような環境下で，医療機関は原則として，医療サービス提供に伴う費用を医業収入で賄うことが要求される。

医療を考える場合，公益性すなわち，不特定かつ多数の者の利益の増進に寄与すること。公共性すなわち，広く社会一般に利害・影響を持つことを考慮すれば，特定の集団に限られることなく，社会全体に開かれていることをバランスよく考えることが望まれる。そのような中で，国は医療サービスの公共性を重視しながら，民間病院に病院経営の公益性を強く求めてこなかった。これは民間病院に資本の集積と分散の防止をさせる引き換えに，非営利としながら「自由に経営して良い」という妥協の産物とも見ることができる。

３．医療環境の変化

3−1. アメリカでの適正な医療に関する動向

アメリカのオバマ前大統領がようやく作りかけた国民皆保険がトランプ大統領に否定されると，2,000万人以上もの無保険者が生まれてしまうことになる。民間医療保険中心のアメリカであっても近年いわゆる「オバマケア」で医療制度改革を進められてきた。そこでは医療提供者側には医療費抑制と同時に医療の質の向上が求められてきた。さらに，地域で幅広く，家庭医として質の高い医師を養成する必要が出現してきた。同時に，臨床データに基づいて科学的な医療を提供する医師と自分の体の責任者は自分であるという意識を持った患者が話し合える場や考える場を設定することが必要になってきた。

多くの国々で医師の診療は，伝統的に自由裁

量の名のもとに，医師の技能や能力のばらつきはわきに置いて，結果として無駄あるいは根拠のないままの診療を生むと言われるなかで，患者は医師の指示通りに受け入れるということが当たり前であった時代が徐々に変化してきた。患者自らインターネットや書籍などで疾病を調べ，知人から経験を収集し，患者自ら医師に質問し，他病院でセカンドオピニオンを求めたりすることが一般的に行われることになり，それが医療の質の向上を求める行動に至っている一要因となっている。

アメリカ内科専門医認定機構財団（American Board of Internal Medicine（ABIM）Foundation）は，2012年に，不要な検査や処置を減じるために，アメリカの9つの医学会や消費者団体と「医師と患者が問うべき5つのこと」（Five Things Physicians and Patients Should Question）という，合計45項目のリストを作成したと発表した。さらに医師と患者が，医療行為について本当に必要な検査や処置かを問い直すことを目的としたChoosing Wiselyキャンペーンが医療費削減効果を含め日本でも話題になった。

このように先進国では医療が高度化し，多様化し複雑化し，医療費が増大していく中で，重複検査や薬の選択あるいは入院医療の妥当性などを見極めていく必要性が出てきた。

3-2. 日本での医療環境の変化

わが国では国民皆保険制度に守られながら，患者の行動も変化をしてきている。同時に，病院は診療報酬改定にそって，自院のポジショニングを考えることが日常化してきているが，病院では戦略を多角的にじっくり考えてきた病院は少ない。それは実態として人材不足という面もあるが，政策に沿って政府の方向に動いてきた護送船団方式の功罪でもある。

患者の行動変化で言えば，日本では感染症が減少し，生活習慣病の中でも脳血管疾患の死亡率が低下する中で悪性新生物と心疾患の死亡率が上昇している。したがって，患者は，価値判

断する「時間」という軸が新しく加わったことなどで，その行動が変わってきた。

また，自分が受ける医療に対する患者の意識変化も見逃せない。その変化は大きく3つに区分することができる。①目的の多様性：苦痛の緩和・健康状態の改善・将来への予防。②状況認識の多様性：人は，見えているものしか認識しない。③価値の多様性：延命医療への価値・自由であることの価値・苦痛を緩和する価値など，医療領域での多様性が指摘され（尾藤誠司，2014）区分されてきている。

厚生行政が変化し，病院は護送船団方式の中で，厚生行政に沿って，業界の中でのポジショニングを考えていれば，ある程度経営はできた時代から，厚生行政が自分のことは自分で考えて，これまで以上に職員を鍛えるといった資源ベースドの戦略を考えて経営するように変化してきたことで，病院が戦略的に考えて動く必要に迫られてきたことも「制度と病院と患者の関係」に変化をもたらしてきた。

さらに，日本は世界に類のない「超高齢社会」になってきた。それによって医療・介護サービスのニーズ増加，地域社会での対応の方向性，財政圧力による「コスト」意識と費用対効果重視への政策変更などが，最近の日本での行政の変化といえる。

3-3. 医療行為のあり方の変化

医療行為のあり方が大きく変化してきている。それを以下のように分類できる（尾藤誠司，2014）。①目的の多様性：医療を受けるあるいは提供する目的が変化してきた。現在では，痛の緩和，健康状態の改善，将来への予防が一般的にあげられる。②状況認識の多様性：人は，見えているものしか認識しないので，その状況，状況で認識が異なる。③価値の多様性：医療を受ける患者が判断する価値が変化してきた。延命医療への価値，自由であることの価値，苦痛を緩和する価値などがある。一方，これまでは医師にとっては「医学的に正しいことを行う」

と「患者にとって最善をなすこと」は，ほぼ同じと考えられてきた。そこに Evidence Based Medicine（EBM）が登場して，医療が変化してきた。実際の臨床現場では，ガイドラインの推奨や最新のエビデンスを使って，医学的客観的事実を根拠と患者を取り巻く諸事情の双方で，患者の事情や選好・家族の事情や選好・病院の事情・社会の事情を考慮して，臨床的事実と患者の価値の両方に基づいて判断されてきた。

4．医療価値，病院価値を考える

4-1．M. Porter の医療価値

　Porter（Porter, M. E. and Teisberg, E. O., 2004）らは，著書の中で医療価値とは，医療提供者が専任のチームを作り，専門知識を深め，専用の施設を持つ，真に優れた統合型診療ユニットとして特定の病態に対応することで生まれるとしている。はたして，この定義で良いのであろうか。Porter らは，上掲書の中で，「ヘルスケアにおける競争が価値に基づいていない」と指摘し，「ヘルスケアの主要な目標は，アクセス・量・利便性・質・コスト抑制ではなく，患者のための価値であるべき」と主張している。

　例えば，Porter は，同じ質の医療を，同様の安全性と付帯サービスで提供したとしても，より多くの医療費がかかった病院の方が，提供できた医療価値は低いとみている。この考え方は，医療提供側の視点である。一方，医療価値は，患者にとっての価値であり，不必要なサービスや無駄をなくすことは有益だが，コスト削減よりも，アウトカムを高めるべきともしている。回復に要した時間，生活の質，例えば，自律度，痛み，動ける範囲などに価値を置く患者もいれば，治療中の心の葛藤などに重きを置く患者もいる。この考え方は，患者側の視点である。このようにアウトカムは多面的である。したがって，それらを統合して，健康のアウトカムとコストを考えることで，医療価値を見出し，それに伴って患者の経験価値も考慮する必要が

あることを示している。

4-2．コスト削減だけでなく患者にとっての価値にも着目する必要性

　Porter らによれば医療価値を高めるポイントとして，①診療実績に基づいて競争する，②病態を軸とし，ケア・サイクル全体で競争する，③質の高い医療は低コストである，④医療提供者の経験，診療規模，学習が価値を高めるなど7項目を挙げている（Porter M. E. and Teisberg E. O. 2004，訳書 2009）。ここで示されていることは，医療価値を高めることになるであろうが，忘れられていることがある。それは医療は，どこの国でも，その国の文化的背景と医療制度によって，さまざまな形で規制され，行動様式，考え方に違いがあることである。それが患者価値を形成する要素になっていることへの言及が望まれることである。

　さらに，Porter and Lee（2013）は次のように言及している。医療では，かつてのような病院経営のやり方は終わっている。世界中のあらゆる医療制度は，動機付けられた，熟練した臨床家の努力にもかかわらず，コストの上昇と質の不均一さに苦しんでいる。ヘルスケアの指導者や政策立案者は，無数の段階的な修正を試みてきた。しかし，臨床医現場では，質とコストの問題が，釈然としないまま残っている。したがって，「基本的に新しい戦略が必要である。その核となるのは，患者の価値を最大化することである。すなわち，最も低いコストで最良の成果を達成することである。私たちは，医師が行うことを中心に構成された供給主導の医療制度から，患者が必要とするものを中心に構成された患者中心のシステムに移行する必要がある。そして，すべての地域の医療供給者がフルレンジのサービスを提供する今日の断片化されたシステムを置き換える必要がある」としている。

　すなわち，医療を提供する場合，コストを削減すると同時に，医療の質を向上させることが

求められるが，同時に両方とも改善するための
ケイパビリティは模倣困難なプロセスであり，
独自の経営構造やスキルが医療機関にとって必
要となる。つまり相異なる要素を同時に両方と
も改善させるためのケイパビリティの獲得の重
要性と困難さを指摘している。

　さてここで，病院価値を考えるに当たり医療
価値をより広く，より深く，より社会的に，患
者に添って考えることが求められる。Porter
の書籍から読み取れるのは，長期的なアウトカ
ム評価の重要性である。確かに，それは重要で
あるが，現在の短・中期的なアウトカム評価の
フレームも総合化されていない現状で，いかに
して，長期的なアウトカムの評価枠組みが作れ
るのか，あるいは，その作成準備ができるのか，
全く言及されていない。しかし，現在の制度の
中でどのように行うのかを考えることが患者に
とって必要なのである。

　医療価値だけで医療は語れないので，医療制
度とケア・コーディネーションなどを関係させ
てトータルで考える視点を組み込むことが重要
となる（髙橋淑郎，2014b；髙橋淑郎・Adalsteinn
Brown, 2013）。2015年ごろから，Porterらは，
価値に基づくヘルスケアシステムを構築するに
は，ケアの提供や評価，支払い方法を変革する
必要があると主張し始めた[2]。ここでPorter
は初めて医療制度が医療価値に関係することを
示した。したがって，筆者が主張する病院価値
の要素が加わったのである。

4-3. 病院価値

　これまで議論してきた医療価値を踏まえて，
病院価値を考える。ここでは投資家から見た企
業価値といったものを指すものではない。患者
や地域社会から見た病院の価値を考える。患者
が，患者の家族が，地域の開業医が，救急隊が
選んでくれる病院になるには，競争優位性を獲
得するには，それを維持するには，病院は何を
しなければならないのであろうか。そのために
は，患者や患者家族，開業医，救急隊の一人ひ

とりを深く理解し，単なる医療サービスを超え
た何かを提供することが必要になる。その何か
の一つが，患者の経験価値である。これまで日
本では病院価値＝医療安全あるいは医療の質あ
るいは患者満足度といったことが論じられ，こ
こで示したような範囲を超えない議論に終始し
てきた。

　高齢化に伴う医療概念と価値の転換ニーズの
把握や医療・介護のシームレス化と社会化の推
進も重要となる。さらに急性期・入院中心（Cure）
から回復期〜介護（Care）への重点シフトが鍵
になるが，これに関してはすでに以前から指摘
されてきたが，何もされないまま，これまで来
た経緯がある（Takahashi, T., 1991）。したがって，
個々の患者から地域住民へのサービス提供枠組
みの開発。病院を核としたネットワーク「地域
包括ケア」の協働的発展。個々の病院から地域
での機能連携への展開の拡大。そして，サービ
スの質とコストの両立とEBMの実践などが，
今後の病院経営と病院価値を考える課題となる。

　病院価値は，これまでの医療価値にプラスし
て医療を継続的に提供する病院経営の価値が，
医療制度とともに加わることを意味する。医療
の質とコストを考える場合，行政は最大公約数
あるいは平均を考え行動する傾向がある。医療
制度におけるこれらの公平のようにみられる不
公平性は，医療へのアクセスまたは医療の質の
不公平性といったことよりも，より大きな意味
で国民にとって大きな影響を受ける。さらに，
すべての質の改善がコストを下げるものではな
い。すなわち，医療の質の向上によるコスト削
減が可能か否かは，質の改善の種類と医療制度
の状況に大きく依存するのである。

　病院価値を追求した経営を考えると，鍵とな
る概念が複数ある。それは，病態とケア・サイ
クル全体を見渡した価値の提供，あるいは，診
療科・疾病という区切りから脱却して，単なる
医療技術の提供ではなく，医療提供を通じた価
値の提供を行うことである。すなわち対象とす
る患者，診療内容の同定と医療サービスの適正

な選択と使用の差別化を行い，自病院の地域での役割の明確化と長期および短期の診療実績の比較・検証が求められる。

特に重要なことは，病態ごとに，ケア・サイクル全体を統合して医療価値を提供することを目指して，診察することの重要性の認識であり，統合型診療ユニット（診療科の統合）[3]を形成することで，部分最適より全体最適を目指して活動し，複数の統合型診療ユニットを形成することで，臓器別の旧来の考え方から脱却し，病態によって，治療における連携と協働を行うのである。そこに，同時に，コストと質を考えることが求められる。

すべての医療の質の改善がコストを下げるものではない。すなわち，医療の質の向上によるコスト削減が可能か否かは，質の改善の種類と医療制度の状況に依存する。

4−4. Institute for Healthcare Improvement (IHI) の質を上げてコストを下げる試み

アメリカの IHI は，QI(quality improvement) プロジェクトの結果として「dark green dollars」を見ること，すなわち収益を上げるための実際の削減を見極めることに努力してきた。それは収益に結び付けることができない理論的なコスト削減である「light green dollars」とは対照的なものに注目してきた。dark green dollars に関する IHI の考え方は，制度内の非効率を特定し，除去することにある。IHI は病院を支援し，第1次・第2次ドライバーを使用して，無駄の削減の優先順位を設定し，焦点分野を選択し，無駄の削減によって実現するコスト削減を明らかにした。すなわち，これまで病院が削減していると主張しても，定量化されてこなかったために，それを明らかにしたものとして「明確な削減」と考えられる（Lindsay, A. M. et al., 2009）。

コスト削減と医療の質の向上を実現する有効なプログラムを開発する上で重要と思われる文化，政策関連要因は多数存在する。すなわち，

統合化は，コスト削減の極めて重要な要素，疾病経路と医療のコーディネーションにおける成功，信頼と医師によるリーダーシップは，極めて重要となる。医師に関する戦略すなわち，退院後介護の見守り，疾病管理プログラム，コストの高い医療をコストの低い医療に代替可能な，誤りを減らす取り組み，臨床医，患者が主導する医療の質の管理戦略の方が，管理者，政策立案者主導の戦略より効果が大きいとみられる。例えば，地域の中で慢性疾患患者をより管理できれば入院数を減らせる。プライマリケアと病院とを別のものとして区分すると，質とコストの改善がうまくいかないことになる可能性がある。

病院および病院の医師だけのケアの提供では，患者にとって不都合なことが生じる場合があることはこれまで経験してきた。そこで地域の家庭医がその患者の医療に参加することで，患者の再入院リスクを軽減し，さらに，地域の薬局が参加することで，患者の慢性疾患に関しての「疾患管理」の質が向上することが期待される（図1）。地域社会のさまざまな代替医療，例えば開業看護師などを活用することで，地域での総合的な医療水準が向上し，さらに，行政などが加わることで患者にとって満足度の高い地域包括ケアの医療版ができあがることが期待されるのである。さらに，質をコストと関係づけるには，透明性が必要となる。例えば，質のゴールの優先付けを行っていく必要があるが，質の指標として指標が何百もあっても何の役にも立たない。したがって科学的に絞り込んで，厳選して活用することが求められる。

病院価値向上のための改善にはインセンティブが重要である。そして測定，報告は改善に結びつく。しかしながら，カナダのオンタリオ州の経験では，医療の質とコストの測定と報告は重要であることは理解していたものの，自分達がどのように行っているか，その評価はどのようなものか分からない。全体の成果のデータが発表されても，自分がどのように貢献している

図1 切れ目のないケアに向けて

アカウンタブルな医療組織を創るには何をなすべきか
尺度と結果の属性を含め，目標と適用範囲を定めること

不都合な事象　　　　　　　　　　病院および病院医師

再入院　　　　　　　　　　　　　＋地域社会の家庭医

慢性疾患管理　　　　　　　　　　＋薬品

代替医療レベル　　　　　　　　　＋地域の代替医療

満足度　　　　　　　　　　　　　＋管理スタッフ

（出所）Adalsteinn Brown の講演資料，2014 年 2 月。

のか，全体の中での自分の位置が分からないので，結局，何も変わらないことになる。したがって医療制度の方向として，病院の患者集団ごとにサービスの仕組みを設計すること，医療の質の評価の枠組みと実施と評価，個人ごとではなく組織として学習し，経験，ノウハウの蓄積によって病院価値を高め，病院の経営方針，業務内容，手順を，事前に明確化し，公開していく透明性などが重要となる。

5．バランスト・スコアカード（BSC）は，病院価値向上に寄与するか

　BSC は，競争優位性や病院価値を長期的に構築するには，職員の能力や顧客関係といった非財務的なソフト面も決定的な要素として重要になることを前提としている。Kaplan らは，ソフト面の要素と無形資産が長期的な財務的成功にどのように貢献するかを再考し，これらを管理するために 1990 年代に BSC を用いることを提唱した。財務と非財務，短期と長期などのバランスを取ることを目的とした業績測定システムとしてスタートし，戦略策定，実行のシステムとして発展した BSC に注目する。従来のマネジメントツールで重視されているのは財務結果であるが，これは本来的に結果（遅行・成果）指標である。さらに BSC は，組織が将来的な

成果をマネジメントするには，先行指標と結果指標を関係づけ，さらに 4 つ視点でタテの因果連鎖で成功のストーリーを明示するシステムを開発したのである。BSC では，こうした無形資産（例：プロセスでの質の優れたコントロールなど）が，最終的に財務成果に貢献するかを示した。

　BSC では，戦略マップとスコアカードは 1 セットである。戦略マップは，基本の 4 つの視点にそって，下の戦略目標の達成が，上の戦略目標の達成を促すという縦の因果連鎖で成功のストーリーを可視化することに意義がある。さらに，戦略マップでのコミュニケーションと可視化が重要である。さらに戦略テーマは，組織のビジョンの達成を直接支える戦略の主要ないくつかの「柱」である。戦略テーマは，戦略結果を同時に明らかにすることで差別化を図ることができる。戦略マップは，通常は 3～5 年程度で作り直す。スコアカードは，戦略目標の進捗を評価し，管理する。基本的には単年度であり，具体的な指標，アクションプラン等を決定する。さらに，このツールに備わる柔軟性や使い勝手の良さは，病院内のすべての個人に向けて，戦略意識を醸成し，具体的な目標に結び付けることにある。そのプロセスで，経営トップと臨床スタッフの間で，より開かれたコミュニケーションが成立し，医療におけるチームベースのアプローチにつながる。

　このような特徴を持つ BSC が医療で必要な背景は，①臨床系の専門職の業績評価と病院経営との関連付けの必要性，②医療の質と経済性のバランスのため，③病院経営での多面的・多元的な業績評価とその公表の必要性，④職員の納得のいく業績評価のため，⑤財務データと患者データの結合フレームの必要性，⑥病院経営戦略の欠如からの脱却，⑦臨床家と経営者のバランスのためなどである。さらに BSC を利用して，患者価値やステークホルダーの実感する価値を，実際にサービスを提供する現場の職員に浸透させることが肝要である。つまり戦略

の実践を通じて，現場の理解と能力が戦略実行の成否を分けることになる。

病院は，患者や患者の家族に新鮮な感動や経験を提供し続けることが重要となる。すなわち，そこには所与の医療制度を活かした，病院の組織構造や組織風土あるいは無形資産の有効活用などが関係する。利用者が感じる価値を提供することが重要で，病院や職員が考える病院価値の押し売りではいけないが，専門職としての，病態とケア・サイクルあるいはケア・コーディネーションの必要性を患者に納得させる必要もある。すなわち，病院側と利用者とのすり合わせを行う場が必要であり，その場を使って病院が，利用者が感じる病院価値を生み出していく仕組みを作ることができる。

以上のような特徴を持つBSCは病院価値向上のツールとして適していると思われる。

・BSCは病院のビジョンと戦略テーマ・戦略結果で示される事業分野の戦略に基づいて作成される。したがって，持続可能な発展は社会と経済のあり方のビジョンを提起するものであるから，BSCは持続可能な病院の発展の実現への連結点となる。

・BSCは，フレキシブルであるため，各視点，戦略目標，尺度（指標）の選択と特質を，病院それぞれの状況に合わせることができる。

・尺度（指標）の体系としてのBSCは，主として過去の情報を提供する会計とは異なり，未来に向かうものである点で，持続可能な発展のビジョンと一致する。BSCの作成によって，将来像の実現と病院戦略の実行への道が示される。

・BSCは因果連鎖によって戦略の実現へと方向付け，中長期的な病院の成功を目指す。

・基本の4つの視点を通した因果連鎖の管理と定性的情報の統合によって，BSCは病院内で調整と統合の機能を果たす。BSCの開放性は，各病院特有の状況に合わせた戦略的な持続可能性管理のツールである

Sustainable BSC（SBSC）の開発を可能にする。

病院はこれまでも企業以上に，財務目標だけでなく，社会性をもった医療での成果を出すことを行ってきたが，現在では，社会性や環境の問題も明示し，病院経営で考慮するという共通目標が強く求められてきている。したがって，SBSCの目的は，持続可能性コンセプトの3つの柱である経済，環境，社会を，戦略の成功に向けて統合することで病院価値を向上させることにある。SBSCは，従来のBSC同様，戦略実行のためのツールである。それゆえ，SBSCは，持続可能性コンセプトの3つの次元すべてを，その戦略的重要度に応じて統合するBSCであると理解することができる。したがってSBSCは，その病院価値向上のための戦略の成功に貢献するものである。

6．まとめ—非営利組織としての病院経営の方向

現在の日本の医療経営において最大の課題は，病院価値やその向上手法を理解して病院経営を担当できる人材が払底していることである。病院の機能は臨床，研究，教育とされてきたが，特定の病院を除いて教育，研究は十分でない。さらに高等教育制度も未整備である。病院経営に関与する人材に関して，医師であっても，非医師であっても，日本の大きな問題は人材である。病院の個々の業務管理はできても，病院経営を担える人材が少ない。それは各職種のパワー関係がそう簡単には変化しないことだけが理由であろうか。

病院経営手法としてのBSCが有効であることは，さまざまな研究から明らかであるが（髙橋淑郎 2011a），BSCからSBSCへの進化の中で，戦略経営実践のフレームワークとしての機能は変化することはない。したがって，病院経営の基本をBSCとしてコミュニケーションやリーダーシップなど人間の行動を変化させることが

切実に今，求められている。

　医療の質，コスト，ケア・コーディネーション，医療と介護のシームレス化，病院価値等を理解したうえで，医療政策，医療制度を理解している人材と経営の道具としての戦略的経営枠組みを作ることができる人材が，病院経営には必須になる。病院のミッションに基づく共有された価値に焦点をあてた伝統的なリーダーシップを超えて，病院全体に価値観を注入し，組織メンバーの行動ベクトルを合わせる BSC 流の実用的な知恵を持ったリーダーシップが重要になる。このような人材の育成の仕組み作りをする時期に来ている。

（1）アドベンチスト会東京衛生病院，河北医療財団河北総合病院，公益財団法人倉敷中央病院などでは経営理念等で示されている。
（2）この主張に Kaplan が反応し，2015 年 Harvard Business School と The New England Journal of Medicine との共同開催の "The State of Adoption in Value-Based health Care" というセミナーで，援護射撃の講演を行った。
（3）統合型診療ユニットは，場所の共有だけ，同じ組織で提供しているだけの専門家によるグループ診療は，統合型ケアではないことに注意しなければならない。

＜参考文献＞

Adalsteinn, Brown 教授による，2014 年 2 月 10 日のトロント大学医学部での授業資料。

Kaplan, R. S. and Norton, D. P.（2001）*The Strategy-Focused Organization: How Balanced Scorecard Combanies Thrive in The New Business Environment*, Harvard Business Press.（櫻井通晴監訳『キャプランとノートンの戦略バランスト・スコアカード』東洋経済新報社，2001 年）

——— and Norton, D. P.（2008）*The Execution Premium: Linking Strategy to Operations for Competitive Advantage*, Harvard Business Press.（櫻井通晴・伊藤和憲監訳『バランスト・スコアカ

ードによる戦略実行のプレミアム―競争優位のための戦略と業務活動とのリンケージ』東洋経済新報社，2009 年）

Lindsay, A. Martin et al.（2009）*Innovation Series: Increasing Efficiency and Enhancing Value in Health Care: Ways to Achieve Savings in Operating Costs per Year*, Institute for Healthcare Improvement.

Porter, M. E. and Teisberg, E. O.（2004）*Redefining Competition in Health Care*, Harvard Business Press.（山本雄士訳『医療戦略の本質』日経 BP 社，2009 年）

——— & Lee, T. H.（2013）The strategy that will fix health care, *Harvard Business Review*, 91(10), 50-70.

Takahashi, T.（1991）Care and Cure in Japanese Hospital, *Hospital Management International 1991*, pp.366-368.

石原信吾（1990）『石原信吾論文選集―夢なきところ，民は亡ぶ―』（社）日本病院管理研究会，非売品。

一条勝夫（2004）『病院管理研究五十年』一条勝夫業績集刊行会，非売品。

髙橋淑郎編著（2011a）『医療バランスト・スコアカード研究　経営編』生産性出版。

———編著（2011b）『医療バランスト・スコアカード研究　実務編』生産性出版。

髙橋淑郎（1997）『変革期の病院経営』中央経済社。

———（2014a）「持続可能な病院経営のための CSR と BSC に関する研究」『商学集志』83(4), pp.107-141。

———（2014b）「カナダ・オンタリオ州での hospital funding system 改革プロセスの考察」『商学集志』83(3), pp.49-80。

———（2017）「医療の質向上とコスト削減に関する研究～ ACO および P4P は，コストの抑制と医療の質の改善を同時に目指すことができるか？」『商学集志』86(4), pp.33-71。

———・Adalsteinn, B.（2013）「病院経営における内への戦略・医療の質の向上とコスト低減への展開」pp.66-90。（収録：堺常雄・髙橋淑郎編著『病院経営のイノベーション』建帛社，2013 年）

尾藤誠司（2014）「医療の多様性と "価値に基づく医療"」『日本内科学会雑誌』103(11), pp.2829-2834。

医療の質評価と人材育成

同志社大学　瓜生原　葉子

【キーワード】 医療の質（quality of healthcare），人材育成（human resource development），プロフェッショナリズム（professionalism），卓越性の追求（pursuit of excellence），内的報酬（intrinsic reward）

【要約】 医療は，国民すべてが一度は提供されるものであり，誰もが質の高い医療を受けたいと願う。しかし，医療資源は限られており，その資源配分の効率性を考えなければならない。その際，社会の視点と組織の視点が存在するが，本稿では，医療提供組織において，医療の質を高める資源配分に着目した。その質は，構造，過程，成果という指標で評価されるが，これらを高めるためには，医療提供者の人材育成が不可欠である。特に，多様な医療専門職をつなぎリードする人材のプロフェッショナリズムを醸成することが鍵となる。実証研究の結果より，関わるすべての人々を尊重・協働し合い，患者の期待に応える意識（卓越性の追究）を育てること，そのために，最新知識・技術の教育に留まらず，自律的に働ける環境，仕事結果のフィードバックや同僚から正しく評価され認められる機会などの内的要因を考慮した環境を整えることが，医療提供組織のマネジメントとして重要であることが明らかとなった。

1．医療における効率性

医療は人の生命に関わるものであり，「命は平等」という強い価値観が存在する。すなわち，サービス提供の公平性が求められる。日本の医療は，国民皆保険制度，医療機関を自由に選べるフリーアクセスを特徴としている。つまり，「誰でもいつでもどこでも一定水準の」医療サービスを受けられ，公平と考えられる。実際，世界保健機構の報告によると，日本の医療の公平性は他国に比較して高い。一方，誰もが質の高い医療を受けたいと願う。同世界保健機構の報告によると，日本は健康達成度評価が世界第一位であり，質は高いと捉えられる。しかし，国民総医療費が毎年増大し，2025年度には約60兆円に達すると見込まれ，国民皆保険の維持が課題になっている現在，医療における効率について考える必要に迫られている。

効率性は，技術効率と配分効率に分けられるが，医療に投ずる資源が限られる状況においては，医療資源配分の効率性に焦点が当てられる。その資源配分についても，社会の視点と組織の視点が存在する。社会の視点とは，日本全体の資源配分のことである。例えば，肺がん対策予算が一定の場合，一次予防である禁煙に関する国民への啓発，二次予防の肺がん検診，肺がんに対する内科的・外科的治療，緩和ケアなどに対して，どのように予算配分をすると国民全体のアウトカムが最大化するかを検討することである。一方，組織の視点は，各医療機関において，どのように資源配分を行って医療の質を高めるのかを論じることである。本稿においては，医療提供組織において，医療の質を高めることに焦点をあてる。

2．医療の質評価

　では，医療の質とはどのように評価され，どのように高めればよいのであろうか。まず，医療サービスの構造と特徴について概観し，医療の質について論じる。

　医療サービスは，コア・サービスと表層的サービスで構成される。コア・サービスとは，本質部分（医療技術，医療情報）と，付帯部分（医療設備，機器などの施設，医薬品・診療材料，アメニティ，食事などの入院環境）である。一方，表層的サービスとは，組織文化，職員の対応，問題への対処などのソフト面，カフェ，コンビニなどの環境である。コア・サービスの本質部分は，公定価格であり，保険者（一部患者）が負担する。その質の評価は専門評価機関によってなされる。

　医療サービスの特徴として，①高い倫理観が求められる，②不確実性が高い，③情報の非対称性が挙げられる。まず，医療行為は侵襲を与える行為であるため，医の倫理，生命倫理を十分に理解し，インフォームド・コンセントを原則とする。また，患者の尊厳とQOL（Quality of Life：生活の質，以下，QOL）を重視した医療の提供が求められる。次に，医療ニーズは極めて個別性が高く，医療が提供される時点で，その治療効果を完全に予測することはできない。すなわち，機械的な効率化には限界がある。また，患者は，サービスを受け取った後，契約が適切に履行されたかどうかを確認することが難しい。三番目に，医療情報は専門性が高く，患者には理解しにくい。情報が完全に公開されても，医療専門職と患者との知識の差が大きいため，医療サービスの提供側と購入側に情報の格差が生じる。

　このような特徴をもった医療の質をどのように評価すればよいのであろうか。その起源は古く，1910年，Ernest Codmanが，診療の質を評価するシステムを提案したことに始まった。

彼らが中心となって設立した米国外科学会において，病院間の医療の質のばらつきを是正するため，手術後の経過を評価する手法を開発し，その評価方法を用いて医療の標準化に着手した（Jessee, 1991）。その約50年後の1965年，Donabedianにより医療の質評価についての方法論が確立された（Donabedian, 1966）。Donabedianによる医療の質の評価指標は「構造（structure）」，「過程（process）」，「成果（outcome）」で構成される。「構造」とは，コア・サービスの付帯部分の充実度，医療提供者（医師，看護師，薬剤師，心理士，医療ソーシャルワーカーなど）の人数や質など，医療を提供するための体制である。「過程」は，診断・検査・治療の技術，診療ガイドラインの遵守，インフォームド・コンセント，医療提供者の態度など，医療提供者によるコア・サービスの本質部分であるが，職員の態度など表層的サービスの一部も含まれる。「成果」は，生存率，治癒率，健康アウトカム（症状，QOL，満足度）など，診療・ケアにより実際に得られた効果である。従来の医療の質の評価は，構造に対する評価が中心であったが，近年は，過程や成果が重視され，それらを数値化して評価するための臨床指標の利用が進んでいる。

　日本において，1995年，国民の健康と福祉の向上に寄与することを目的とし，中立的で科学的な医療機関の評価を行う第三者機関として，財団法人日本医療機能評価機構が設立された。その機関により，病院組織全体の運営管理，および提供される医療について評価がなされ，一定の水準を満たした病院は「認定病院」と称される。現在，全国の約3割の病院が病院機能評価を活用している。

　その評価項目は，医療環境や社会の変化に応じて数年ごとに改定されており，現在適用されている3rdG：Ver1.1では，4つの評価対象領域から構成されている。第1領域は，「患者中心の医療の推進」であり，具体的には，患者の意思を尊重した医療ができているか，継続的質

改善のための取り組みが行われているかなどが評価される。第2領域，第3領域は「良質な医療の実践」であり，患者・家族の倫理的課題等を把握し誠実に対応されているか，多職種が協働して患者の診療・ケアが行われているか，画像診断機能・集中治療機能などが適切に発揮されているかなどが評価される。第4領域は「理念達成に向けた組織運営」であり，病院組織の運営と管理者・幹部のリーダーシップ，職員の能力評価・能力開発，教育・研修が適切に行われているかが評価される。

　これらの評価項目を鑑み，医療の質の向上を図るためには，医療提供組織において，本質部分を担う医療提供者の人材育成が肝要である。その際，技術・知識の教育はもちろんのこと，プロフェッショナリズムの醸成が鍵となる。

3．医療の質に資する人材育成：プロフェッショナリズムの醸成

3－1．プロフェッショナリズムとは

　プロフェッショナリズムとは，諸要素を完全に持ち併せた理念型の「プロフェッション」に到達させようと努める諸個人の志向であり，量的程度の差はあるが，新しい職業から確立されたプロフェッションの従事者にまですべてに認められるものである（Wilensky, 1964）。また，複数の次元により構成される概念である（Hall, 1968; Hammer et al., 2003; Hilton, 2005）。

　では，プロフェッションとは何であろうか。プロフェッションの定義について書かれた先行研究は多数存在するが，そのうち，Flexner (1915)，Carr-Saunders and Wilson (1933)，Greenwood (1957)，Gross (1958)，Wilensky (1964)，Millerson (1964)，Etzioni (1969)，石村 (1969)，Freidson (1970)，Elliott (1972)，中野 (1981)，Beckman (1990)，田尾 (1995)，太田 (1993)，Friedson (2001)，Hunt (2007)，Kranacher (2009) らの定義を勘案し，①長期間の教育訓練による体系的な知識・技術を習得

している，②専門職業集団が存在している，③倫理規定が確立している，④専門性が保証されている，という特徴的要件を満たす職業と定義した。主な医療提供者として，医師，看護師，薬剤師が挙げられるが，いずれも4つの要件を満たす職業である。

3－2．医療におけるプロフェッショナリズムとは

　医療において，プロフェッショナリズムの歴史は長く，ローマの医師スクリボニウスが，ヒポクラテスの誓いに内在する「公言する（professing）」という行為と関連付け，「苦悩の除去における共感と慈悲への責務」と定義した（De Rosa, 2006）。もともと医学は，少数の選ばれた人々に提供されていたが，産業革命後，多くの患者が医療にお金を払うことができるようになり，医療サービスを提供する組織が必要となった。そのため，社会に医療専門職集団が形成された（Cruess and Cruess, 2006; Kraus, 1996）。

　医療におけるプロフェッショナリズムとは，「個人的な倫理観の範疇を超え，患者や学習者，社会との関係構築を含むものであり，いわば社会との契約」であると記されている（Cruess and Cruess, 2006）。すなわち，社会がある専門職に対して職業上の特権，つまり特定のサービスを提供する排他的あるいは第一次的な責任および高度の自主規制などを含む特権を与え，代わりにその専門職は，これらの特権をまず他者の利益のために行使し，自らの利益は二次的にしか追求しないことに同意するというものである（日本医師会，2010）。前項の「諸個人の志向」を超え，より高い社会性が求められるのである。

　医師のプロフェッショナリズムに関しては，2002年2月，米国および欧州内科4学会が，3つの根本原則と10の基本責務から構成される「新千年紀ミレニアムにおける医療プロフェッショナリズム：医師憲章」を発表した（Project of the ABIM Foundation, ACP–ASIM Foundation, and European Federation of Internal Medicine,

2002)。3つの根本原則とは，以下のとおりである。

● 患者の利益追求（principle of primacy of patient welfare）：医師は，患者の利益を守ることを何よりも優先し，市場・社会・管理者からの圧力に屈してはならない。

● 患者の自律性の尊重（principle of patient autonomy）：医師は，患者の自己決定権を尊重し，"informed decision"が下せるように患者に権利を与え（empower）なければならない。

● 社会正義の実現（principle of social justice）：医師には，医療における不平等や差別を排除するために積極的に活動する社会的責任がある。

前述のとおり，プロフェッショナリズムは複数の次元で構成されるが，医師・看護師・ソーシャルワーカーを含む11職種を基にHallが提唱する次元，Hiltonによる医師のプロフェッショナリズム次元，Hammerによる薬剤師のプロフェッショナリズム次元，医師憲章の10の責務について各次元の意味を解釈すると，医療提供者のプロフェッショナリズム次元は表1のようにまとめることができる。

表1 医療専門職のプロフェッショナリズムの次元

筆者の次元	10の責務 （医師憲章）	Hiltonの次元 （医師）	Hammerの次元 （薬剤師）	Hallの次元 （11職種）
責務 （Responsibility）	専門職に伴う 責任を果たす	**行為への責任** （Responsibility）	**義務** （Duty）	
自分の都合に関係なく，常に患者の一定以上の質で患者の期待に答える。		患者のニーズを理解するだけでなく，自身の医療行為を正しく認識されるような努力を払う。	自分に不都合な場合であっても患者の期待に応えなければならない。また，患者に支払い能力がない場合であっても適切な治療が受けられるよう擁護しなければならない。	
社会的責任 （Social responsibility）	医療へのアクセスを向上させる医療資源の適正配置	**社会的責任** （Social responsibility）	**利他主義** （Altruism）	**公職であるとの信念** （A belief in service to the public）
社会の利益を考えて働く。		社会に役立つ行為を心がける責任がある。難解な医学の専門知識を一般に理解しやすい形で説明する。	自分自身や雇用主のためではなく，患者にとっての最善の利益を提供すること。例えば，患者の支払い能力によって，医療の質の妥協や悪化があってはならない。	プロフェッションに不可欠の観念。社会の利益を考えて働く。
自己規制 （Self-regulation）	プロとしての能力 患者との適切な関係を維持する	**倫理にかなった業務の遂行** （Ethical practice）	**説明責任** （Accountability）	**自己規制** （Self-regulation）
職務の質を担保するため，個々人が常にベストを尽くすとともに，専門家同士が基準を遵守し統制し合う。		依頼者の期待とプロフェッショナルが提供するサービスの合意の基本。	患者との暗黙の契約を果たす義務がある。また，社会の健康に関わるニーズに応え，薬剤師の倫理基準を遵守する義務がある。	常にベストを尽くすよう努力をする。職務の質を保つように専門家同士で統制し合う。
卓越性 （Excellence）	医療の質を 向上させる	**熟考と自己形成** （Rreflection and self-awareness）	**卓越性** （Excellence）	**プロフェッショナル組織を 自分の行動規範とする** （Professional organization as a major reference）

患者の期待に応えられるよう，生涯を通して学習し，知識と技術を向上させること。	科学知識	高レベルの思考と理解力を必要とする複雑な問題に対処できるだけの知識と技術を養う。	患者の役に立つよう，生涯を通して学習し知識を向上させること。	会合への参加，専門誌の購読により価値観，仲間意識を高め，自己研鑽する。
自律性（Autonomy） 専門家集団ではない依頼人や組織からの外的圧力なく自身で決定ができる。	利益相反に適正に対処し信頼を維持する		**敬意と誠実さ**（Honor and integrity） 利益相反，強者や個人の利益につながる関係を避けること。	**自律性**（Autonomy） 専門家集団ではない依頼人や組織からの外的圧力なく自身で決定ができる。
他者の尊重（Respect for others） すべての医療従事者，患者とその家族を尊重し，自身の医療行為を正しく認識されるような努力する。	患者に対して正直であること患者の秘密を守る	**患者の尊重**（Respect for patients） 患者のニーズを理解するだけでなく，自身の医療行為を正しく認識されるような努力を払う。	**他者の尊重**（Respect for others） 他の薬剤肺，医療従事者，患者とその家族すべてを尊重すること。	
他者との協働（Teamwork） 医療に関わるすべての人々と協働し，患者の期待に応える。		**他者との協働**（Working with others） 看護師・薬剤師なども含めた関係者と協働する。		
召命感（A sense of calling） 患者が恩恵を受けた時に仕事のやりがいを感じ，より専念したいと思う。				**召命感**（A sense of calling） たとえ外的報酬が少なくてもその職業に就きたいと思う職業への献身性。

（注）Hilton（2005），Hammer, et al.（2003），Hall（1968）を参考に筆者作成。2段の場合，上段が次元，下段がその説明。

3-3. 職場におけるプロフェッショナリズム醸成の重要性

　Hammer, et al.（2003）は，プロフェッショナリズムを高めることは極めて重要であり，そのために，教育機関が戦略的にプロフェッショナリズムを普及・発展・評価すべく教育・訓練に注力する必要性を強く主張している。実際，教育機関における教育システムとプロフェッショナリズムに関する研究蓄積は十分になされている（Browning, et al., 2007; Hochberg, et al., 2016）。

　では，職場におけるプロフェッショナリズムの醸成はどの程度研究されているのであろうか。Wilensky（1964）は，ほぼ同等な専門教育を受け，同様な専門職集団に属していても，所属組織の人的資源管理，および諸施策によりプロフェッショナリズムの発達が異なることを明らかにした。Lusch and O'Brien（1997）は821

名の米国マーケティング協会の会員を対象とし，Hall（1968）のプロフェッショナリズム5次元と8つの報酬制度の関係を検討した結果，与えられる報酬制度の値が高いとプロフェッショナリズムの程度も高くなることを示した。Hampton and Hampton（2000）は，661名の看護助産師を対象に同様の検討を行い，高い報酬を与えられるほど「公職の信念（belief in public service）」以外のプロフェッショナリズム次元が高まることを示した。ここで検討された報酬制度とは，高い質の仕事ができる（performing work of high quality），患者に深く関与できる（high concern for clients），個々人がプロとして行動する（professional behavior），自主的に働くことができる（the ability to work independently），非倫理的な行動を排除する（not engaging in unethical behavior），専門集団・会

合へ参加できる（participation in professional association），継続教育を受けることができる（continuing education），最新知識・技術を維持できる（keeping up with the latest developments in midwifery），制服が与えられる（professional dress）ことである。

一方，プロフェッショナリズムと成果の関係について，特定の次元と職務満足度，賃金への満足度，離職率が相関することは示されている（Bartol, 1979）が，職務成果との関係については，現時点で検討されていない。近年では，プロフェッショナリズムを高めることで仕事へのやりがいなどのワーク・エンゲージメントが高まると報告されている（West, et al., 2014）。

以上のごとく，プロフェッショナリズムの発達程度は組織の就労環境の影響を受ける。質の高い仕事，自律性，依頼者との深い関係，最新知識・技術の維持，教育などの環境を組織から与えられれば，プロフェッショナリズムは醸成されることが示されている。一方，環境より職種自体と高い程度を示すプロフェッショナリズム次元があることも示唆されている。プロフェッショナリズムの醸成には，組織の諸施策が関与すると考えられる。

3−4. 医療提供組織におけるプロフェッショナリズムの醸成

3−4−1. 動向に合わせた人材育成

医療提供組織におけるプロフェッショナリズムの醸成について考える。病院内では，多様な医療専門職が協働し，医療の質を高めている。チームとしての職務成果と個々のやりがいを高めるためには，おのおのの専門職が高いプロフェッショナリズムを発揮することが重要と考えられる。

医療がより高度かつ専門化している近年の医療現場において，科を横断的にかかわる医療チーム（例えば，緩和ケア，感染症，褥瘡，臓器提供など）のニーズが高まっている。チームとしての職務成果と個々のやりがいを高めるために

は，「さまざまな医療専門職をつなぎ，リードする人材」の育成が望まれる。

したがって，彼（女）らにはどのようなプロフェッショナリズムが必要なのか，職務成果とやりがいに結びつくプロフェッショナリズム次元とは何か，それを発揮するために組織は何を行うべきかについて明らかにする必要がある。

3−4−2. プロフェッショナリズムの醸成に関する実証研究（1）

その解明にあたり，2種類の実証研究を行った。最初は，病院内でさまざまな職種をリードし臓器提供プロセスを円滑に進める「院内コーディネーター（以下，Co.）」に着目した研究である。

まず，先行研究，インタビュー，予備テスト，既実施の定量調査の再分析を基に仮説を導出した。①院内Co.のプロフェッショナリズムは8次元である，②それらはさらに「個々人に備わっている」次元と「職務を通して育成される」次元に大別される，③「職務を通して育成される」が職務成果に結びつく，④成果に結びつく次元を高めるための組織の諸施策は，外的，内的要因の両方である，の4点である。次に，世界の院内Co.を対象としたwebアンケートにより，仮説検証型の実証分析を実施した。

回答が得られた38カ国370名を対象に，SPSS，およびAMOSを用いてプロフェッショナリズムの次元について探索的，および確認的因子分析を行った結果，①5因子が抽出された。5つの次元とは，責務（自分の都合に関係なく，常に一定以上の質で患者の期待に答える），職務への献身（患者が恩恵を受けた時に仕事のやりがいを感じ，より専念したいと思う），社会的責任（社会の利益を考えて働く），自己規制（職務の質を担保するため，個々人が常にベストを尽くすとともに，専門家同士が基準を遵守し統制し合う），卓越性の追求（患者の期待に応えられるよう生涯を通して知識と技術を向上させる，外的圧力なく自身で決定を行う，すべての医療提供者・患者とその家族を尊重する，医療に関わるすべての人々と

協働し患者の期待に応える）である。②さらに，5つの次元は，1水準上の高次概念；職務に就いた時に既に高く「備わる」（職務への献身，責務，社会的責任），職務を通して「育てる」（卓越性の追求，自己規制），によって説明可能であることが示唆された。③また，高次の2次元のうち「育てる」次元が，職務成果（臓器提供率，家族による臓器提供承諾率），およびやりがい（職務満足度，職務への誇り）に有意に相関していることが明らかにされた。④その「育てる」次元を醸成するために，組織は，職務の重要性を認知する機会，仕事結果のフィードバックを得られる機会，自律的な働き方，同僚からの承認（内的要因）を与える必要があることが示された。

3-4-3. プロフェッショナリズムの醸成に関する実証研究（2）

2番目は，政令都市の100床以上200床未満の病院に勤務する多様な専門職83名を対象とした実証研究である。（1）と同様の調査表を用いて得た回答を，SPSSを用いてプロフェッショナリズムの次元について確認的因子分析を行った結果，5因子が抽出された。5つの次元とは，責務（常に一定以上の質で患者の期待に答える），卓越性の追求（医療に関わるすべての人々を尊重し，協働し合い，患者の期待に応える），地位の向上（職種の社会からの評価を高める），社会的責任（社会の利益を考えて働く），自己規制（職務の質を担保するため，個々人が常にベストを尽くすとともに，専門家同士が基準を遵守し統制し合う），である。

やりがい（職務満足度，職務への誇り）を従属変数，プロフェッショナリズムを独立変数とし，SPSSによる重回帰分析を実施した結果，やりがいに結びつくプロフェッショナリズム次元は「卓越性の追求」であった。さらに，その醸成のためには，仕事結果を認知する機会が必要なことが示された。

以上の二つの実証研究から，「さまざまな医療専門職をつなぎ，リードする人材」の職務成果とやりがいに結びつくプロフェッショナリズムとは，自身の知識・技術の向上に　留まらず，関わるすべての人々を尊重し，協働し合い，患者の期待に応えること，すなわち「卓越性の追求」であることが明らかになった。また，その醸成のため，組織は，彼（女）らが職務の重要性を認知する機会，仕事結果のフィードバックを得られる機会を多く提供することが重要であることが示唆された。

4．ま と め

統一論題「公共性と効率性のマネジメント」について，医療提供組織における人材育成の視座で検討を行った。

医療は，国民すべてが一度は提供されるものであり，誰もが質の高い医療を受けたいと願う。しかし，医療資源は限られており，その資源配分の効率性を考えなければならない。その際，社会の視点と組織の視点が存在するが，今回は，医療提供組織において，医療の質を高める資源配分に着目した。

病院内では，多様な医療専門職が協働し，医療の質の向上に努めている。その人材育成が不可欠であるが，特に，多様な医療専門職をつなぎリードする人材のプロフェッショナリズムを醸成することが鍵となる。実証研究の結果より，関わるすべての人々を尊重・協働し合い，患者の期待に応える意識（卓越性の追究）を育てること，そのために，最新知識・技術の教育に留まらず，自律的に働ける環境，仕事結果のフィードバックや同僚から正しく評価され認められる機会などの内的要因を考慮した環境を整えることが，医療提供組織のマネジメントとして重要であることが明らかとなった。

＜参考文献＞

Bartol, K. M. (1979) Indivisual versus Organizational Prediction of Job Satisfaction and Turnover among Professionals, *Journal of Vocational Behavior*, 15(1): 55-67.

Beckman, S. (1990) Professionalization: Borderline

Authority and Autonomy in Work. In M. Burrage & R. Torstendahl (eds.), *Professions in Theory and History: Rethinking the Study of the Professions*, London: SAGE Publications.

Browning, D. M., Meyer, E. C., Truog, R. D., et al. (2007) Difficult conversations in health care: Cultivating relational learning to address the hidden curriculum, *Academic Medicine*, 82(9): 905–913.

Carr-Saunders, A. M. & Wilson, P. A. (1933) *The Professions*, Oxford: Clarendon Press.

Cruess, R. L., Cruess, S. R. & Johnston, S. E. (1999) Renewing Professionalism: An Opportunity for Medicine, *Academic Medicine*, 74(8): 878–884.

Cruess, S. and Cruess, R. (2006) "Teaching Professionalism: General Principles," *Medical Teacher*, 28(3): 205–208.

De Rosa, P. (2006) Professinalism and virtues, *Clin Orthop Relat Res.*, 44: 28–33.

Donabedian, A. (1966) Evaluating the quality of medical care, *The Milbank Memorial Fund Quarterly* 44(3): 166–206.

Elliott, P. (1972) *The Sociology of the Professions*, London, UK: Macmillan.

Etzioni, A. (1969) *The Semi-Professions and Their Organization: Teachers, Nurses, Social Workers*, New York: Free Press.

Flexner, A. (1915) Is social work a profession? *National Conference of Charities and Corrections, Proceedings of the National Conference of Charities and Corrections at the Forty-second annual session held in Baltimore, Maryland, May 12–19, 1915*, Chicago: Hildmann.

Freidson, E. (1970) *Professional Dminance: The Social Structure of Medical Care*, New York: Atherton Press.

——— (2001) *Professionalism, the Third Logic*, Chicago: Chicago University Press.

Greenwood, E. (1957) Attributes of a Profession, *Social Work*, 2(3): 45–55.

Gross, E. (1958) *Work and society*, New York: Crowell.

Hall, R. H. (1968) Professionalization and Bureaucratization, *American Sociological Review*, 33(1): 92–104.

Hammer, D. P., Berger, B. A., Beardsley, R. S. & Easton, M. R. (2003) Student Professionalism (67, Ed.), *American Journal of Pharmaceutical Education*, 67(3): 1–29.

Hampton, D. L. & Hampton, G. M. (2000) Professional-

ism and the Nurse-Midwife Practitioner: An Exploratory Study, *Journal of the American Academy of Nurse Practitioners*, 12(6): 218–225.

Hilton, S. R. and Slotnick, H. B. (2005) Proto-professionalism: how professionalisation occurs across the continuum of medical education, *Medical Education*, 39(1): 58–65.

Hochberg, M. S., Berman, R. S., Kalet, A. L., et al.(2016) Professionalism training for surgical residents documenting the advantages of a professionalism curriculum, *Annals of Surgery*, 264(3): 501–507.

Hunt, S. D. (2007) A Responsibilities Framework for Marketing as a Professional Discipline, *Journal of Public Policy & Marketing*, 26(2): 277–283.

Jessee, W. F. (岩崎榮, 吉岡穰訳) (1991)「アメリカにおける医療評価の歴史と現状1-ジョイントコミッションの歴史的発展-」『病院』50(6): 484–489.

Kranacher, M. (2009) Accounting: A Profession or An Industry?, *CPA Journal*, 79(8): 80.

Krause, E. (1996) Death of Guilds: Professions, States and the Advance of Capitalism, 1930 to Present, *New Haven*, CT: Yale University Press.

Lusch, R. F. & O'Brien, M. (1997) Fostering Professionalism, *Marketing Research*, 9: 25–31.

Millerson, G. (1964) *The Qualifying Associations: A Study in Professionalization*, London: Routledge & Paul.

Project of the ABIM Foundation, ACP–ASIM Foundation, and European Federation of Internal Medicine (2002) Medical Professionalism in the New Millennium: A Physician Charter, *Annals Internal Medicine*, 136(3): 243–246.

West, C. P., Dyrbye, L. N., Rabatin, J. T., et al. (2014) Intervention to promote physician well-being, job satisfaction, and professionalism, *JAMA Internal Medicine*, 174(4): 527–533.

Wilensky, L. H. (1964) The Professionalization of Everyone?, *American Journal of Sociology*, 7(2): 137–158.

石村善助 (1969)『現代のプロフェッション』至誠堂。

太田肇 (1993)『プロフェッショナルと組織：組織と個人の「間接的統合」』同文舘出版。

田尾雅夫 (1995)『ヒューマン・サービスの組織—医療・保険・福祉における経営管理』法律文化社。

中野秀一郎 (1981)『プロフェッションの社会学—医師, 大学教師を中心として』木鐸社。

日本医師会 (2010)『WMA 医の倫理マニュアル』日本医師会。

ソーシャルビジネスの二面性
──主体と活動のマネジメント──

明治大学　出見世 信 之

【キーワード】ソーシャルビジネス（Social Business），企業観（Corporation View），グラミン銀行（Grameen Bank），価値によるマネジメント（Management by Values），3E 価値モデル（3E Values Model）

【要約】本論文は，ソーシャルビジネスにとって有効な価値によるマネジメントを探求し，経済的価値，倫理的価値，感情的価値の3つの価値を重視する 3E 価値モデルを提示したものである。ソーシャルビジネスの事例として，グラミン銀行を取り上げ，その年次報告書を利用しながら，その主体と活動の側面から考察を行った。主体としてのグラミン銀行は，グラミン銀行法に基づいて設立され，政府と貧しい人々が所有する公私混合企業であり，年次報告書を発行し，その活動について，一定の透明性を確保していることを確認した。活動については，その理念である，バングラデシュの貧しい人々の生活を改善するために，マイクロクレジットばかりでなく，各国の企業と合弁事業を設立し，グラミングループとしても，イノベーションを創出しながら，さまざまな事業活動を行っていることを確認した。グラミン銀行の事例から，ソーシャルビジネスにとって，経済的価値，倫理的価値，感情的価値を同時に高める 3E 価値モデルが有効であることを提示した。

1．はじめに

　日本において，ソーシャルビジネス（social business）への関心が高まりを見せたのは，経済学者でもある，Muhammad Yunus がグラミン銀行の活動により，2006 年にノーベル平和賞を受賞して以降である。たとえば，経済産業省は，2007 年から 2008 年にかけてソーシャルビジネス研究会を設置し，ソーシャルビジネスに関する議論を行っている。ソーシャルビジネス研究会（2008）では，解決が求められる社会的課題に取り組むことを事業活動のミッションとする社会性，ミッションをビジネスの形に表し，継続的に事業活動を進める事業性，新しい社会的商品・サービスや，それを提供するための仕組みを開発したり，活用したりする革新性という3要件を満たす主体がソーシャルビジネ

スであるとしている。

　一方で，馬頭忠治，藤原隆信編著の『NPOと社会的企業の経営学—新たな公共デザインと社会創造』や谷本寛治編著の『ソーシャル・エンタープライズ』のように，「社会的企業」，「ソーシャル・エンタープライズ（social enterprise）」などの表記で，私的な利益を追求するのではなく，社会的課題事項（social issues）の解決に取り組む組織体やその活動に関する考察も行われている。江橋（2010）では，ソーシャル・エンタープライズの議論が英国の協同組合運動から発展し，企業活動を除外して捉えているのに対し，米国のソーシャルビジネス論が社会的起業家を中心に捉え，取り組み主体ではなく，社会的課題事項に取り組む活動そのものがソーシャルビジネスと認められていることが指摘されている。

　後に見るように，Yunus の議論においては，

ソーシャルビジネスを社会的事業の主体として
ばかりでなく，社会的事業活動それ自体として
も捉えている。そこで，本稿においては，ソー
シャルビジネスの事例として，グラミン銀行を
取り上げ，同行の主体と活動の側面について，
その年次報告書を利用しながら確認する。その
際,「社会的」(social) か「反社会的」(antisocial)
か，あるいは，「経済的」(economic) か「非経
済的」(non-economic) かのような二分法的に捉
えるのではなく，人間が複雑であることを前提
として確認を行う。グラミン銀行の考察を通じ
て，ソーシャルビジネスにとって価値によるマ
ネジメントが有効であることを提示する。

2．主体としてのソーシャルビジネス

　伝統的な経済学における企業観は，企業を生
産関数のように捉え,利潤を最大化するように，
投入量と産出量を決定するというものである。
Friedman（1970）のように，株式会社の経営
者の社会的責任は，法律や社会規範を守った上
で，株主のために利益を最大化することである
というような見方もある。Yunus（2011）にお
ける企業観においても，企業の目的は利潤の最
大化とされ，CSR（Corporate Social Responsibil-
ity）に熱心に取り組む企業であっても，利潤の
最大化を妨げない範囲で，社会的利益を追求し
ているとしている。一方，ソーシャルビジネス
の目的は,Yunus（2011）によれば,貧困,教育,
健康，環境などの社会問題の解決であり，企業
の目的とは異なり，利潤の最大化ではない。
　企業の目的は，経済学の領域において，
Yunus を含め，利潤の最大化のように捉えら
れているが，これは人間が自己利益の最大化を
求めるという単純な見方を前提としている。し
かしながら，経営学の領域では，必ずしも経済
学と同じ企業観ではない。株主資本利益率や投
下資本収益率，市場占有率や売上高などを増大
させることが企業の目的とされることもある
が，たとえば，Drucker は，『現代の経営』に

おいて,企業の目的を顧客の創造であるとして,
そのために，イノベーションとマーケティング
を重視している。また，Freeman 等は，『利害
関係者志向の経営』において，企業を利害関係
者（stakeholders）との相互作用とし，企業の
目的をすべての利害関係者のための価値創造で
あるとしている。さらに，利害関係者を名前と
顔と家族を持った生身の人間で，複雑な精神を
持っているものとしている。そのため，Free-
man, et al.（2007）は，経営者が唯一の利害関
係者集団の利益のみを重視すると，すべての利
害関係者の価値を創造しなくなるので，経営者
に不快な批判であっても，それを事業に関する
価値のある洞察やイノベーションの源泉と見る
ことを求めている。
　企業形態論では，企業の目的に加え，所有形
態も考慮して分類が行われている。多くの企業
は，私企業であり，それは公企業と対置され，
私的利益を追求するばかりでなく，私的に所有
される。公企業は，政府により所有され，社会
全体に貢献することを目的としている。Yunus
（2011）は，企業の所有形態からソーシャルビ
ジネスを 2 種類に分けている。1 つは，私的に
所有され，社会問題の解決を目的とし，利益は
事業活動の拡大・改善に再投資されるものであ
り，もう 1 つは，貧しい人々に所有され，貧困
などの社会問題の解決を目的とし，利益は貧し
い人々に分配されるというものである。こうし
た Yunus の企業観を含めて，企業形態別に整
理したものが表 1 である。
　貧困などの社会問題の解決を目的として，貧
しい人々が所有し，利益の分配を受けるソーシ
ャルビジネスは，所有の面から見ると，所有者
が限定されていることから協同組合に近いもの
である。協同組合は，私企業やソーシャルビジ
ネスとは異なり，営利を目的とすることはでき
ず,その所有は組合員に限定されるからである。
しかしながら，協同組合であっても，地域や職
場などの一定の条件を満たし，組合費を負担す
れば，誰でも組合員になることができることか

【経営学論集第88集】統一論題 サブテーマ② ソーシャルビジネスのマネジメント

表1 ソーシャルビジネスと他の企業形態

企業形態	所　有	目　的
ソーシャルビジネスⅠ	私的	社会問題の解決を目的とし，利益は拡大・改善に再投資される
ソーシャルビジネスⅡ	貧しい人々，信託機関	社会問題の解決を目的とし，利益は貧しい人々に分配される
私企業	私的	事業活動を通じて所有者に金銭的報酬を提供すること
協同組合企業	組合	事業活動を通じて組合員に貢献すること
公企業	政府	事業活動を通じて社会全体に貢献すること
公私混合企業	政府と民間	事業活動を通じて社会全体に貢献すること

(出所) 以下を参照して，筆者作成。
Yunus, M. (2011) *Building Social Business: the New Kind of Capitalism that Serves Humanity's Most Pressing Needs*, PublicAffairs, pp.1-2.

ら，生活協同組合コープこうべのように，組合員が160万人を超える協同組合もある。私企業が株式会社の形態を採り，株式を公開していれば，誰でも株式を購入し，会社の所有者となることができるが，2010年に第一生命が相互会社から株式会社に転換したときには，150万人を超える株主を擁したこともある。なお，現在，第一生命は持株会社化されたが，2017年時点で80万人の株主を有し，みずほフィナンシャルグループに次いで，多くの株主を有する株式会社となっている。

　また，株式会社形態を採ると，公私混合企業のように政府と民間が同時に所有者になることもある。日本の公私混合企業には，日本銀行のような特殊法人の他，完全民営化されていない旧公企業が含まれる。その中には，中小企業への融資を目的とした商工組合中央金庫（以下，商工中金とする）もある。それは，政府と民間団体が共同で出資する唯一の政府系金融機関であり，1936年に商工組合中央金庫法に基づいて設立されたものである。2008年に制定された株式会社商工組合中央金庫法に基づき，現在，商工中金は，株式会社化された特殊会社となっている。2017年現在の所有状況は，財務大臣

が46.46％を所有し，残りは民間が所有している。取締役は10名で，そのうち，代表取締役は3名である。

　グラミン銀行も，Yunus（2011）の分類では，ソーシャルビジネスであるが，企業の所有形態の面から見ると，政府と民間が所有する公私混合企業の形態を採った特殊銀行である。グラミン銀行が特殊銀行として設立された1983年には，政府がその資産の6割を所有し，残りを借り手が所有していた。2013年にグラミン銀行法が制定されると，グラミン銀行は，10億タカの授権資本，3億タカの払込資本金となる。2016年の同行の年次報告書によれば，2015年12月には，授権資本は1,000億タカで，払込資本は8億3,581万タカとなっている。グラミン銀行の株式の76.01％は借り手が所有し，23.27％はバングラデシュ政府が，残りをソネイル銀行，バングラデシュクリシ銀行が0.36％ずつ所有している。所有者ともなるグラミン銀行の借り手は1983年には4万7,000人にすぎなかったが，2015年に880万人となっている。1984年から発行されている年次報告書によれば，1983年以来，取締役会が設置され，1984年の時点では，12名の取締役の他に1名の会長も

選任されていたが，2015 年には 13 名の取締役となり，Yunus は，1983 年以来，代表取締役（managing director）を務めている。

　グラミン銀行は，Yunus が 1974 年に始めた，マイクロクレジットといわれる，貧しい人々への無担保の小口融資から発展したものである。グラミン銀行は，1989 年に技術訓練などを行うグラミントラストを設立して以来，バングラデシュの人々，特に貧しい人々の生活を改善することを目的として，貧困をなくしたいと考える営利企業とも協力しながら，グラミンダノン，グラミンユニクロなどのソーシャルビジネスを設立して，後で見るように，活動としてのソーシャルビジネスを展開し，25 の組織からなるグラミングループを形成している。グラミングループの目的は，バングラデシュの人々，特に貧しい人々の生活を改善することであり，その目的を達成するために，ソーシャルビジネスという活動を行っているのである。グラミングループにとって，貧しい人々の生活を改善することはグループの理念でもあり，貧しい人々は，グラミングループの利害関係者としてその事業活動に関わることになるが，ある時は，グラミン銀行の借り手で所有者であり，また，グラミンレディとしてヨーグルトなどの販売に従事する者であり，農場の近隣に住む地域住民であるかもしれない。貧しい人々といっても，複雑な存在なのである。それゆえ，グラミングループにとってのすべての利害関係者のための価値創造は，具体的には，バングラデシュの貧しい人々の生活を改善することともなりうるものである。

　グラミン銀行は，ソーシャルビジネスの主体として，法人組織を利用し，無制限に配当はしないものの，株式を発行し，政府がその一部を所有している。法人組織となってから年次報告書を発行し，情報公開を行い，透明性を高めることにより，貧困という社会問題を解決するために，多くのさまざまな利害関係者と連携している。Freeman, et al.（2007）は，企業を利害関係者との相互作用とし，すべての利害関係者

のための価値創造をその目的としていたが，グラミン銀行は，バングラデシュの貧しい人ばかりでなく，政府，ダノンやファーストリテーリングなどの企業などとの相互作用を通じて，ソーシャルビジネスに関わる，すべての利害関係者の価値を創造しようとして，バングラデシュにおける，ソーシャルイノベーションを創出しているのである。

3．活動としてのソーシャルビジネス

　ソーシャルビジネスの始まりは，特定地域の社会問題を解決するためのコミュニティ・ビジネスのようであるが，グラミン銀行の活動からも明らかなように，必ずしも地域社会の問題に限定され続けるものではない。グラミン銀行は，近隣の貧しい村の人々を対象としたマイクロクレジットをその事業として始めた。それは，融資対象を女性に限定し，5 人を 1 組とするグループを対象に融資を行うもので，グループは連帯責任を負いながら何らかの事業に従事することになる。Yunus（2009）によれば，女性を融資対象としたのは，男性に融資するよりも家族に利益がもたらされるからである。マイクロクレジットは，小さな村から始まったが，2015 年のグラミン銀行の年次報告書によると，2015 年には 81,392 の村に支店を起き，880 万人に融資するまでに拡大している。バングラデシュにある村の 93％あまりにグラミン銀行の支店が開設されているのである。Yunus（2009）は，グラミン銀行から 5 年かそれ以上の融資を受けた者の 64％が貧困から脱出し，一方で，グラミン銀行自体も，安定して利益を上げているとしている。

　Yunus, et al.（2010）では，1983 年にグラミン銀行が設立されて以来，マイクロクレジットばかりでなく，企業との連携を含め，さまざまな方法で貧困をなくす事業に取り組み，グラミングループとなっていることが紹介されている。こうした活動は，グラミン銀行から融資を

受けた人に事業活動への参加を促すことになる。Yunus（2009）によると，1989年には，無担保小口融資でマイクロクレジットを行う機関に技術訓練や経済支援などを行うために，グラミントラストが設立され，1996年には貧しい人々に携帯電話サービスを提供するために，ノルウェーの無線通信サービスの国営企業であるテレノールを合弁事業のパートナーとして，グラミンフォンが設立されている。グラミンフォンの事業は，無線LANを構築し，電話を所有したグラミンレディを通じて，インターネットの利用を必要とする人に分単位で販売するというものである。

Yunus（2009）によると，2006年には，フランスに本社を置く世界的食品企業であるダノンを合弁事業のパートナーとして，栄養失調の子供達に栄養強化ヨーグルトを手頃な価格で提供するために，グラミンダノンが設立される。設立前には，バングラデシュの子供に不足している栄養素に関する調査が行われ，原材料をグラミン銀行から融資を受けている人々が設立したグラミンファームから調達し，現地に工場を開設して生産を行い，グラミンレディによる直接販売を通じて，低価格で栄養強化ヨーグルトを提供している。

Yunus（2011）では，2007年に，フランスの世界的な水道サービス企業であるヴェオリアとの合弁により，最低限WHOの基準を充たす水を公共の井戸に供給するために，グラミンヴェオリアが設立されたことが紹介されている。先進国であれば，水道を各家庭まで整備するが，グラミンヴェオリアは公共の井戸に供給し，水処理施設についても，水面の水のみを再利用する単純な設備を建設し，費用を抑えている。その一方で，孤立した地域への水の供給も行っている。

さらに，2010年には，グラミンユニクロが設立されている[1]。グラミンユニクロは，服の企画，生産，販売を通じ，人々が心からほしいと思う商品の提供や雇用の創出により貧困やジェンダーなどの社会問題を解決し，バングラデシュの経済や社会の発展とより豊かな生活づくりに貢献することを事業の目的とし，バングラデシュで生産を行い，日常的に購入できる価格で販売し，その利益をすべてソーシャルビジネスに再投資している。こうしたグラミングループの活動としてのソーシャルビジネスをまとめたものが表2である。

Yunus, et al.（2010）では，図1，図2に示したように，伝統的企業の活動モデルとソーシャルビジネスの活動モデルとの比較が行われている。価値の提案については，伝統的企業においては，顧客に向けて行われるのに対し，ソーシャルビジネスでは，利害関係者に向けて行われる。また，伝統的企業では，売上高や費用などから経済的利益を生む方程式が用いられるのに対し，ソーシャルビジネスでは，それに加えて，社会的利益や環境的利益を生む方程式も用いら

表2　グラミングループの展開

主　体	活　動　内　容
グラミン銀行	貧しい女性5人1組のグループを対象にして無担保融資を行う
グラミントラスト	マイクロクレジットを行う機関に技術訓練や経済支援などを行う
グラミンシャクティ	再生可能なエネルギー技術により電気を農村地域に提供する
グラミンフォン	グラミンレディにより貧しい人々に携帯電話サービスを提供する
グラミンカルヤン	貧しい人に医療サービスを提供する
グラミンダノン	グラミンレディにより栄養失調の子に栄養強化ヨーグルトを提供
グラミンヴェオリア	低コストで，WHOの基準を充たす水を公共の井戸に供給する

（出所）筆者作成。

図1 伝統的企業モデル

(出所) 以下を参照して，筆者作成。
Yunus, et al. (2010) "Building Social Business Models: Lessons from the Grameen Experience", *Long Range Planning*, Vol. 43, p. 312.

図2 ソーシャルビジネスモデル

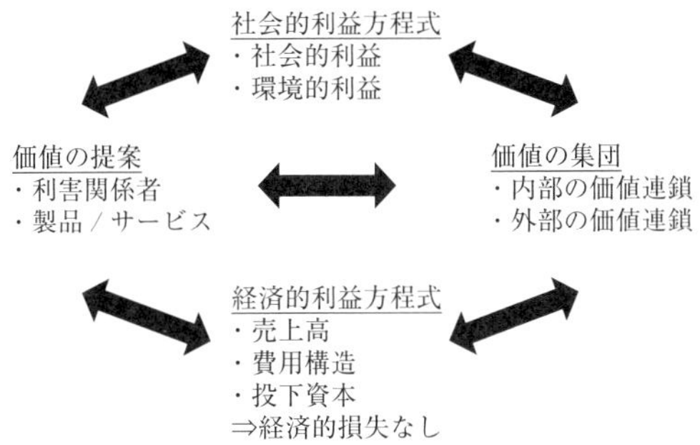

(出所) 以下を参照して，筆者作成。
Yunus, et al. (2010) "Building Social Business Models: Lessons from the Grameen Experience", *Long Range Planning*, Vol. 43, p. 319.

れることになる。内外の価値連鎖（value chain）を利用することは共通である。

さらに，Yunus, et al.（2010）では，伝統的企業とソーシャルビジネスのイノベーションに関する比較も行われている。グラミンフォンは，途上国の購買力があまりに小さく無線 LAN の構築は利益にならないという，従来の考えに対して，バングラデシュの貧しい人々に電話機を所有させるのではなくレンタルすることにより，利益を上げる仕組みを構築している。グラミンダノンは，ヨーグルトが大量に生産され，小売業者による配給で手頃な価格になるという伝統的な考えに対して，現地での生産と直接販売により貧しい人々が容易に購入できる手頃なものにしている。グラミンヴェオリアは，途上国において安全のために高い技術を有する処理工場で飲料水が扱われ，個々の家庭に水道管を通して直接供給されるというこれまでの前提に対して，水質は最低限WHO（世界保健機関）の基準を充たすものとし，貧しい人々の住む地域にある公共の井戸に供給している。Yunus, et al.（2010）は，こうした事例を通じて，ソーシャルビジネスも，伝統的企業と同じように，イノベーションの際に伝統的な知識や基本的な前提に挑戦し，補完的なパートナーを見出して，試行錯誤を続けながら取り組むが，ソーシャルビジネスは，伝統的企業とは異なり，社会的利益志向の株主を選好し，明確に社会的目的を特定することを挙げている。

このように，活動としてのソーシャルビジネスとして，グラミン銀行は，5人の貧しい女性グループに250ドルを無担保ながら，年率20％の金利で融資を行っているが，借り手が関わる事業を支援するために，グラミングループとして，さまざまな事業活動を支援している。酪農に関する支援に加えて，これまでの考えにとらわれない，さまざまなイノベーションを生み出すことにより，携帯電話サービスの提供，栄養強化ヨーグルトの提供，安全な水を公共の井戸に提供することなどを行っているのである。活動としてのソーシャルビジネスは，さまざまな利害関係者との相互作用を通じて，すべての利害関係者の価値を創造しようとして，ソーシャルイノベーションを創出しているのである。

4．価値によるマネジメント

経営学においては，経済的価値のみならず，さまざまな価値（values）を通じたマネジメントのあり方が提唱されている。たとえば，O'Toole（1987）は，すべての利害関係者の相互利益を追求するような哲学（philosophy）に基づく経営を提唱して，自由，平等，生活の質，効率という4つの異なる，時には対立することもある価値の実現が求められるとしている。また，Paine（2001）は，収入や利益などの面で経済的に健全であることと，正義や責任などの

倫理的に健全であることを同時に実現するような意思決定を提唱している。

Dolan, et al. (2012) は，価値によるマネジメントを提示しているが，そこでは，価値を，経済的価値 (economic value), 倫理的価値 (ethical value), 感情的価値 (emotional value) に分類している。経済的価値は，組織のサブシステムを維持し，結びつけるのに必要なものであり，効率や業績基準をもたらし，競争的環境においてリーダーが無視できないものである。倫理的価値は，同僚との関係や職業上の関係をはじめ，公共の場や職場でどのように行動すべきかに関する信念や規範として現れるものであり，正直，誠実，尊敬，忠誠などがその代表的なものとなる。感情的価値は，行動の推進力として不可欠なものであり，楽観主義，熱情，自由の認識など，個人に内在的な動機づけと関わるものであって，これがなければ，イノベーションやコミットメントが妨げられることになる。

社会的使命の達成を含め，組織の目的を達成するために，経済的価値，倫理的価値，感情的価値を同時に高めるマネジメントが，図3に示した，3E価値モデル (3E Values Model) である。経済的価値は，定量的に容易に測定でき，その明確さから社会的価値や感情的価値よりも重視されやすい。具体的な数字を挙げ，それを増加させることは，抽象的な価値を守ったり，主観的な価値を高めたりするよりも，組織が大規模化した際に目標として共有されやすいからである。伝統的企業でも，ソーシャルビジネスでも，利害関係者の3Eの価値をバランスよく重視することが存続の観点から不可欠であるが，実際には，経済的価値を重視するあまり，倫理的価値や感情的価値を毀損することになる。

たとえば，3Eの価値をバランスよく維持できなかったと考えられる事例として，商工中金の危機対応融資に関わる不正の事例が挙げられる。商工中金は，グラミン銀行と同じように，公私混合企業であり，私的な利益の追求ではなく，中小企業に融資を行うことを目的として設

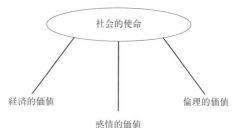

図3　3E価値モデル

（出所）筆者作成。

立されている。その商工中金において，2017年4月，不祥事が発覚する。35の支店で99人が関与して，414億円あまりも不正に融資していたというものである。商工中金が設置した危機対応業務にかかる第三者委員会の調査報告書[2]によると，危機対応融資という制度融資の対象とならない企業に低利で融資を行うために，融資先の財務データを改竄するなどの不正行為が行われていたのである。危機対応融資は，中小企業が震災などの外部的要因により一時的な危機的状況に陥った際に必要な資金を供給して支援するために，国の税金が投入される制度融資である。外的要因がなければ，業績目標に見合った危機対応融資を実行することが困難になるにも関わらず，商工中金は，事業規模を維持するための融資のノルマを機械的に支店に割り当て，そのノルマを無理に達成するために，一部の支店で不正が行われたのである。

商工中金が設置した第三者委員会は，4,887名の役職員にアンケートを行っているが，200名を超える者が自由記載欄において危機対応融資のノルマの不合理性，問題性を指摘しながら，宴席で不平を言う程度で，不正を正す行為には至らなかったとしている。職員個人に一定の感情的価値と倫理的価値があっても，組織として倫理的価値を維持・向上させなければ，職員は，経済的価値のために不正を犯すことになる。商工中金は，倫理的価値の面において，自ら制定した企業倫理憲章において，「全ての役職員が公正な職務の執行に努め，確固たる企業倫理を構築する」としながら，経済的な価値を重視す

るあまり，外的な危機が発生していない中で，危機対応融資を実行し，政府系金融機関としての事業規模を維持しようとして，各支店に危機対応融資の獲得目標を課し，職員は企業行動憲章に反する行動をとったのである。倫理的価値の側面が形式的なものに過ぎなかったゆえに，感情的価値の側面において，危機対応融資のノルマの不合理性，問題性を認識する者もいたが，宴席で不平を言う程度で，不正を正す行為には至らなかったのである。

　グラミン銀行は，Azim, et al.（2017）が指摘しているように，バングラデッシュという不正が起こりやすい途上国の環境の中で，不正の誘因に陥らないようにするさまざまな動機に沿って統治構造を設計し，ある程度の自由裁量を管理職に与えることで不正を防止している。経済的価値の側面では，行員に対して，他の企業よりも高い競争的な賃金を支払い，無料での昼食の提供や日常的に現金で交通費を支給するなどの付加的給付を提供し，倫理的価値の側面では，高い返済率を維持するために，信頼に基づいて借り手に融資を行い，そのため，厳格に規制を遵守し，縁故や偏見などを排除している。感情的価値の側面では，不正について，銀行が不正に対して厳格に対応し，そのために監視制度が機能していると考え，初犯でも厳しい対応を受けると行員が考えるようにしている。3E 価値モデルの視点から見ると，グラミン銀行は，バングラデシュの貧しい人々の生活を改善するという目的を通じて，経済的価値，倫理的価値，感情的価値を同時に重視したマネジメントを行っているのである。

5. おわりに

　グラミン銀行は，ソーシャルビジネスの主体の面から，バングラデシュの貧しい人々の生活を改善するために，グラミン銀行法に基づいて設立された，政府と貧しい人々が所有する公私混合企業である。そのため，年次報告書を発行し，その活動について，一定の透明性も確保している。活動の面から，グラミン銀行を中心とするグラミングループのソーシャルビジネスを見ると，グループの利害関係者でもあるバングラデシュの貧しい人々の生活を改善するために，各国の企業と合弁事業を設立してさまざまな活動を行い，Yunus（2009）や Yunus（2011）で紹介されているように，グラミン銀行やその利害関係者ばかりでなく協力企業においても，グラミングループとしての活動を通じて，経済的価値ばかりでなく，倫理的価値や感情的価値を高めている。グラミン銀行は，行員が不正の誘因に陥らないように，監視制度や統治構造を設計して，ある程度の自由裁量を管理職に与えることで不正を防止しながら，経済的価値を提供している。それゆえ，グラミン銀行の事例から，ソーシャルビジネスのマネジメントにおいて，経済的価値，倫理的価値，感情的価値を同時に重視する 3E 価値モデルが有効である。

　一方で，Selinger（2008）のように，グラミン銀行の成功をどのように捉えるかについては，異なる見方もあり，グラミン銀行が主に女性に対して融資を行っていることや，その根拠となっている文化的背景について議論がなされている。しかしながら，バングラデシュの一人当たりの名目 GDP は，グラミン銀行が設立された翌年の 1985 年の 274 ドルから，2015 年には 1,293 ドルとなっている。同じ期間の日本の一人当たりの名目 GDP が 11,598 ドルから 34,513 ドルとなっていることを見ても，バングラデシュ経済は成長し，一人当たりの国民総所得も 1985 年の 208 ドルから増大し，2013 年より 3 年連続で 1,000 ドルを超え，2015 年には 1,284 ドルになっている。これらには，グラミン銀行を中心とするグラミングループの事業活動が少なからず影響しているのである。

（1）グラミンユニクロについては，以下を参照。
　　http://www.uniqlo.com/jp/news/topics
　　/2013082801/（2017 年 6 月 16 日アクセス）

（2）第三者委員会の報告書は，以下を参照。
　　http://www.shokochukin.co.jp/newsrelease/pdf/
　　nr_170425_01_besshi1.pdf（2017年6月16日アクセス）

＜参考文献＞

Azim, M. I., Sheng, K. and Barut, M.（2017）Combating corruption in a microfinance institution, *Managerial Auditing Journal*, 32(4/5): 445-462.

Dolan, S. L. and Altman, Y.（2012）Managing by Values: The Leadership Spirituality Connection, *People and Strategy*, 35: 20-26.

Drucker, P. F.（1961）*The Practice of Management*, London: Mercury Books.（現代経営研究会訳『現代の経営』ダイヤモンド社，1965年）

Freeman, R. E., Harrison, J. and Wicks, A.（2007）*Managing for Stakeholders: Survival, Reputation, and Success,* New Heaven: Yale University Press.（中村瑞穂他訳『利害関係者志向の経営—存続・世評・成功』白桃書房，2010年）

Friedman, M.（1970）The Social Responsibility of Business is to Increase its Profits, in Hartman, L.P. ed.（1998）*Perspectives in Business Ethics*, 246-251, New York: McGraw-Hill.

Grameen Bank（1984）Annual Report.
———（2015）Annual Report.

Mia, M.（2017）An Overview of the Microfinance Sector in Bangladesh, *East Asian Journal of Business Management*, 7(2): 31-38.

O'Toole, J.（1987）*Vanguard Management*, reprint, New York: Berkley Trade.（土岐坤訳『バンガード・マネジメント』ダイヤモンド社，1986年）

Paine, L. S.（2001）*Value Shift: Why Companies Must Merge Social and Financial Imperatives to Achieve Superior Performance*, New York: McGraw-Hill.（鈴木主悦・塩原通緒訳『バリューシフト—企業倫理の新時代』毎日新聞社，2004年）

Selinger, E.（2008）Does Microcredit "Empower"? Reflections on the Grameen Bank Debate, *Human Studies*, Vol. 31, No. 1, pp. 27-41.

Yunus, M.（2011）*Building Social Business: the New Kind of Capitalism that Serves Humanity's Most Pressing Needs*, New York: PublicAffairs.（千葉敏生訳，岡田昌治監修『ソーシャル・ビジネス革命—世界の課題を解決する新たな経済システム』早川書房，2010年）

———（2009）*Creating a World Without Poverty: Social Business and the Future of Capitalism*, reprint, New York: PublicAffairs.（猪熊弘子訳『貧困のない世界を創る』早川書房，2008年）

———, Moingeon, B. and Lehmann-Ortega L.（2010）Building Social Business Models: Lessons from the Grameen Experience, *Long Range Planning*, Vol.43, No.2-3 pp. 308-325.

江橋崇（2010）「グローバル・コンパクトとソーシャル・ビジネス」『法學志林（法政大学）』第108巻第1号，17-37頁。

ソーシャルビジネス研究会（2008）『報告書』。
　　http://www.meti.go.jp/policy/local_economy/
　　sbcb/sbkenkyukai/sbkenkyukaihoukokusho.pdf
　　（2017年2月18日アクセス）

谷本寛治編著（2006）『ソーシャル・エンタープライズ—社会的企業の台頭』中央経済社。

馬頭忠治，藤原隆信編著（2009）『NPOと社会的企業の経営学—新たな公共デザインと社会創造』ミネルヴァ書房。

クラウドファンディングによるネグレクテッド疾病薬開発ベンチャーの存続可能性について

豊橋技術科学大学　藤　原　孝　男

【キーワード】バイオベンチャー（Biotech start-up），途上国固有疾病（Neglected diseases），クラウドファンディング（Crowdfunding），ベイジアン McMC（Bayesian Markov chain Monte Carlo），社会的起業家精神（Social entrepreneurship）

【要約】合成医薬からバイオ医薬に変化する中で，迅速な技術革新にて製薬大企業よりも優位なバイオベンチャーであるが，開発の期間・コスト・成功確率などによるデスバレーによってほとんどが赤字・多産多死の状態にある。故に，バイオベンチャーは高付加価値の疾病に偏って新薬開発をする傾向が強い。他方，人口が高割合・成長の途上国では熱帯・貧困層に特有の疾病罹患者を多数抱えながらも，低水準の薬剤価格に留めざるを得ない。このようなシーズとニーズとの乖離を，最近の金融工学・ICT（情報通信技術）の進歩は埋める可能性を有している。本稿では，創薬4社，ワクチン開発8社の株式公開バイオベンチャーに関する米国 SEC の EDGAR データを用いた，リーマンショック直後の FY2008 と直近の FY2016 における主に研究開発投資と株主価値との関係へのベイジアン McMC 分析から，デスバレー克服の成長オプションに関するシグナリング機能がエンジェルと VC の中間におけるクラウドファンディングによって有効になると期待される可能性を検討する。

1．序

医薬の主流が製薬大企業の得意な合成医薬からバイオ医薬に変化する中で，創薬バイオベンチャーは大市場志向の製薬大企業よりも，画期的技術とニッチ市場とを迅速・低コスト・柔軟な管理によって統合する技術革新にて優位である。反面，平均開発期間12年，開発コスト3億ドル，候補物質レベルで3万分の1の成功確率などの負荷によって，資源制約の大きな創薬バイオベンチャーは，一部を除いてほとんどが赤字・多産多死の状態にある（Pisano, 2006）。故に，バイオベンチャーは主に高付加価値の疾病に偏り，大学からの技術導入を経て製薬大企業に導出できる創薬に特化し新薬開発を方向づ

ける傾向を持つ。

他方，人口が高割合・高成長の途上国では熱帯・貧困層に特有の疾病罹患者を多数抱えながらも，低い薬剤価格の水準から製薬大企業や特にバイオベンチャーの95％の関心を捉えることが困難な状態にある。しかし，このようなバイオ医薬のシーズとニーズとの乖離を，最近の金融工学・ICT（情報通信技術）の進歩は埋める可能性を持つと考えられる。

すなわち，政府の研究助成に加えて米国で法制化された税控除（希少疾病医薬法）による研究開発投資の回収可能性や，リアルオプションとしてのバウチャー（「優先審査保証」および「小児疾病優先審査保証」）を介した，Rockefeller Foundation や Bill & Melinda Gates Foundation などの財団の助成金を基に Johns Hopkins

University などの大学や GlaxoSmithKline などの製薬大企業とのバーチャルベンチャーとしての提携型のプロジェクトが既に知られている。しかし，その他にも，FinTech の中のクラウドファンディング（Crowdfunding）に対して，小口の資金であっても多数の投資家から資金調達することで，エンジェルとベンチャーキャピタルからの各投資段階の中間で「草の根」の市場・技術調査を介した有望性のシグナリング機能を期待することが可能と思われる[1]。

そのような背景における問題意識として，先ず，利益追求型のバイオベンチャーでさえ厳しいデスバレー（Valley of Death：創業時からの赤字期間）に対応するのに社会的バイオベンチャーが用いる研究開発投資の決定にはどのような指針が可能であろうか？そして，リーマンショック直後での高リスクの創薬と比較的低リスクのワクチン開発という2種領域での各ベンチャーの研究開発投資の決定に見られる差とは何であろうか？さらに，クラウドファンディングによる当該の課題解決への貢献には，どのような可能性と課題が考えられるであろうか？

主要概念の定義として，先ず，途上国疾病（Neglected Diseases）は，マラリア・HIV（Human Immunodeficiency Virus：ヒト免疫不全ウイルス）・結核の主要3大疾病の他に，ブルーリ潰瘍，シャーガス病，デング熱，トラコーマを含む熱帯疾病13種，そして肺炎球菌感染症，下痢，毒素原性大腸菌，ロタウイルスなど貧困関連の疾病6種を含む計22種が2012年の時点での撲滅の標的になっている（BVGH & BIO, 2012）[2]。これは，希少疾病に類似して，主に発展途上国など熱帯・貧困地域に固有の疾病で，製薬・バイオ企業にとって短期の採算からは投資が魅力的ではない疾病を指している。他方，社会的バイオベンチャーとは低所得層の人命救助など起業家の社会変革ビジョンに向けた投資を促進するリアルオプションのポートフォリオと定義する。

ここでの分析では，米国に拠点を置く，途上国疾病への治療用の創薬をする4社，ワクチンを開発する8社の計12社の株式公開バイオベンチャーに関する USA SEC（Securities and Exchange Commission：証券取引委員会）の EDGAR（Electronic Data-Gathering, Analysis, and Retrieval system）データから，主要財務指標として FY（Fiscal Year：会計年度）2008 および FY2016 の純損益，総株主価値，研究開発費を用いる。方法論として，リアルオプション分析（Real Options Analysis）とは金融工学のオプション理論を実物資産に応用する投資管理手法のことである。また，ベイジアン McMC（Bayesian Markov chain Monte Carlo）法とはベイジアン推定とマルコフ連鎖モンテカルロ法とを統合した統計モデリング法であり，伝統的統計学とは，すべてのパラメータに確率変数・分布を想定して分析の解釈を容易化することに違いがある。サンプリング・シミュレーションによってモデル内に想定された標準偏差等の特性が収斂すればサンプル数の問題は発生しないと期待される。特に，階層型ベイジアン McMC 分析では，創薬・ワクチン型の各事業特性をそれぞれの標準偏差でグループ化できる可能性を追求する。

ここでの研究目的は，企業ポテンシャルとしてのオプション価値に注目し，情報非対称下での研究開発投資と株主価値とに関するシグナリング機能を検討することにある。

2．オプション理論

本稿での理論的基盤は，金融工学で扱うリスクヘッジ機能を持つ金融派生商品であるオプション契約の経済的評価モデルと，その概念を市場取引に限界のある実物資産に伴う投資決定の柔軟性・融通性へ応用展開するリアルオプション分析（Real Options Analysis）とにある。

Black-Scholes 方程式での金融オプション評価では，NPV（正味現在価値）としての本源的価値に，時間的価値を加えたコールオプション

価値は：

$$C_0 = S_0 N(d_1) - Xe^{-r_f T} N(d_2)$$

$$d_1 = \frac{ln\left(\dfrac{S_0}{X}\right) + \left(r_f + \dfrac{\sigma^2}{2}\right)T}{\sigma\sqrt{T}}$$

$$d_2 = d_1 - \sigma\sqrt{T}$$

ここで，C_0＝コールオプション価値，S_0＝原資産価値，X＝オプション行使価値，σ＝ボラティリティ，r_f＝無リスク金利，T＝満期，$N(\cdot)$＝標準累積正規確率分布関数とおく（Black & Scholes, 1973; Merton, 1973）。

　リアルオプションの概念の創始者と考えられている Myers によると貸借対照表にて，株主価値は，資産と負債との関係から，コールオプションとしてのリアルオプション価値を示して以下のように定式化できる（Myers, 1977）：

$$C_0 = E = \max\ (A - D, 0)$$

ここで，E＝株主価値，A＝資産，D＝負債を示す。

　また，リアルオプションの代表的な研究書には Dixit & Pindyck（1994）が，また，実務的指南書には Copeland & Antikarov（2001）などがあり，各著者には，実際それぞれ先駆者として異なるカリスマ性がある。

３．途上国疾病向けバイオベンチャーのデータ

　ここでは，途上国疾病対応バイオベンチャーとして，株式公開バイオベンチャー計12社の US SEC の EDGAR データから，FY2008 と FY2016 の主要財務指標として既述のように純損益，総株主価値，および研究開発費を用いる（表1）。すなわち，データから創薬ベンチャー

表1　途上国疾病向けバイオベンチャーの主要財務データ（データ：EDGAR, 2017）

	Company Name	Ticker	Neglected Diseases	2016			2008		
				Net Income	Total Stockholders' Equity	R&D Expenses	Net Income	Total Stockholders' Equity	R&D Expenses
Drugs	Cempra	CEMP	Tuberculosis	−117.96	183.35	81.69	−14.90	−28.59	12.34
	NanoViricides	NNVC	Malaria	−10.72	23.05	5.03	−2.79	2.49	1.79
	Sarepta	SPRT	Dengue fever	15.96	57.31	5.58	−19.11	105.45	6.69
	Vertex Pharmaceuticals	VRTX	Tuberculosis	−112.052	1338.19	1047.69	−459.85	980.48	516.91
Vaccines	AmpliPhi Biosciences	APHB	Cholera, ETEC, HIV	−0.52	12.71	3.99	−20.72	−3.77	15.18
	Celldex Therapeutics	CLDX	Tuberculosis	−127.20	290.11	100.17	−47.50	18.13	22.64
	Emergent BioSolutions	EBS	Malaria, Pneumococcal disease	51.78	596.21	108.29	19.96	199.35	59.47
	Genocea Biosciences	GNCA	HIV, Malaria, Dengue fever	49.57	45.54	34.65	−14.69	−43.56	13.54
	GenVec	GNVC	Malaria	−5.79	4.71	2.50	−26.06	7.64	24.69
	iBio	IBIO	HIV, Dengue fever, Malaria	−9.76	24.04	3.16	−1.91	4.39	2.52
	Inovio Pharmaceuticals	INO	HIV	−29.10	175.93	57.79	−12.97	19.11	5.75
	Vical	VICL	Malaria	−8.97	45.14	10.36	−36.90	48.61	25.53

(in $ millions)

のグループは4社，ワクチンベンチャーのグループは8社が抽出でき，リーマンショック直後のFY2008と直近のFY2016における研究開発投資と主要成果財務指標との比較を行う。

3-1．純損益と研究開発費

両年度間の2グループの純損益推移では，ほとんどが赤字で，リーマンショック直後よりも直近の方が悪化している企業も多く見られる（図1）。

両年度間のデータ全体の研究開発費と純損益との関係では，FY2016ではバラツキが拡大しているが，研究開発投資と純損益との間には明確な関係が見られなく，デスバレーの影響の大きさが理解できる（図2）。特に，創薬では両年度とも，たとえ純益を損なっても多額の研究開発費が投入されている。また，ワクチン開発では，リーマンショック直後はともかく，現状では純益にマイナスの影響を及ぼしても研究開発費が増加しており，相対的に低リスク志向ながらもデスバレー耐性としてのリスク選好を高める傾向がある。

3-2．総株主価値と研究開発費

特定の企業の影響が強いものの，データ全体では，研究開発費と総株主価値との線形単回帰分析の結果では各年度とも明確な正の相関関係がある。ただし，年度間では研究開発費の増加に伴い総株主価値の伸びは鈍化傾向にある（図3）。グループ単位で比較した場合，創薬ではデータ数が少なく特定企業の特徴が顕著ということもあり，FY2008の方が現状よりも，切片は小さいが正の傾きは大きく，相対的に低い参入障壁で研究開発投資による成長オプション価値への貢献度合いが高いといえる。他方，ワクチンでは，逆にFY2008の方が現状よりも，切片が大きく正の傾きは小さく，企業体力に比較して参入障壁が高いにもかかわらずリスク投資のオプション価値の相対的な低さを示しているといえる。

こうして，特に，創薬の場合は，リーマンショック直後の厳しい状況でも研究開発の投資を実施し，その成果がオプションとしての総株主価値に反映されている。

図1　FY2008－16両年度間のデータ全体の純損益推移（データ：EDGAR, 2017）

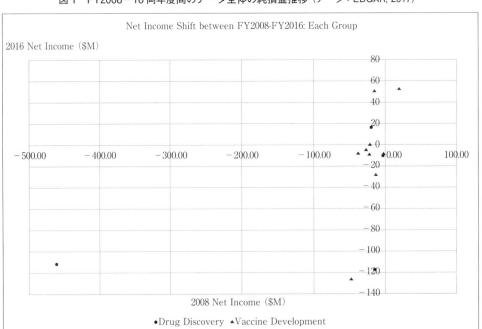

図2　FY2008−16両年度間のデータ全体の研究開発費と純損益との関係（データ：EDGAR, 2017）

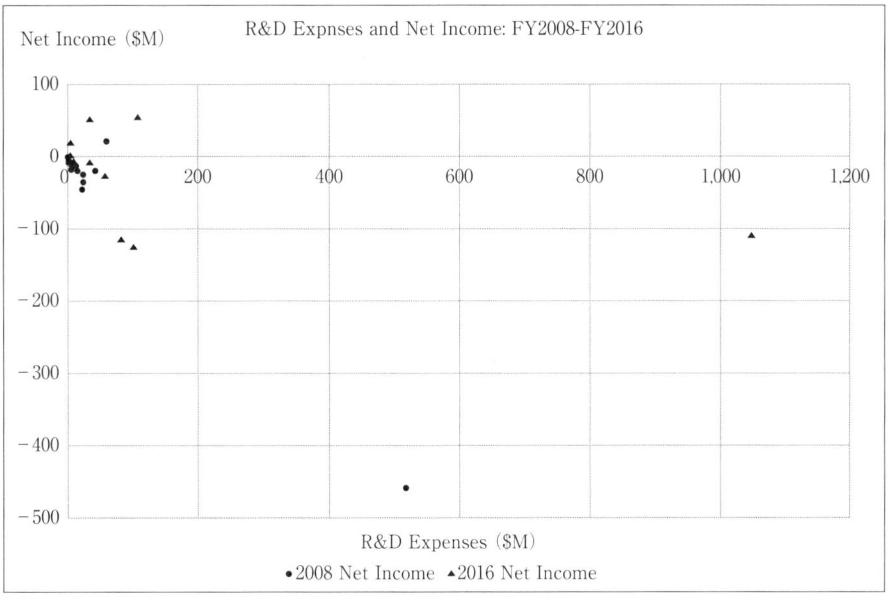

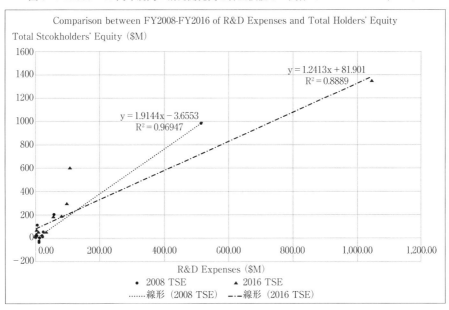

図3　FY2008−16両年度間の研究開発費と株主価値との関係（データ：EDGAR, 2017）

3-3. 純損益と総株主価値：純損益と研究開発費との連結指標としての総株主価値

　全データの両年度とも総株主価値が増加すると純益が低下する傾向があり，研究開発費による投資が総株主価値に長期的に貢献する一方で，コスト増加によって短期的に純損益を悪化させる傾向がある（図4）。特にFY2016に比較して，FY2008には時期的に純益にマイナスの影響が大きく出ても，敢えて総株主価値を拡大するような研究開発が意図的になされたと考えられる。

　例えば，FY2008のグループ間比較において，ワクチン開発では常識どおり総株主価値の上昇が純損益の上昇につながっている。しかし，創

図4 株主価値と純損益との関係 (データ：EDGAR, 2017)

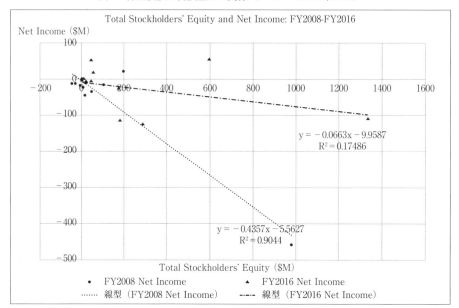

薬では，総株主価値の増加が純損益の悪化に通じる結果となっている。すなわち，リーマンショック直後での研究開発投資は，創薬では大きな負担であり短期的利益を損なうことになる。他方，ワクチン開発では創薬ほどにはデスバレーの負担が大きくはなかったと考えられる。

FY2016 には両グループとも 2008 年度と類似の傾向が見られるが，両方の傾きはそれほど大きくはない。すなわち，経済環境の改善によって，リスク緩和が生じているためと考えられる。

4．ベイジアン McMC 分析によるパラメータ推定

創薬4社とワクチン開発8社の2グループに関して，CPU 4 GHz Intel Core i7 とソフトウェア Mac OS X (version 10.12.5)，R (version 3.4.0) および RStan (version 2.15.1) とを用いた階層型ベイジアン McMC 分析での線形単回帰モデルで，研究開発費を独立変数とした場合の従属変数の株主価値は：

$$Y_n \sim Normal(a[Group[n]]+b[GroupR[n]]X[n]], \sigma_Y)$$
$$n=1, \cdots, N \quad (1)$$
$$a[k]=a_{Total\ Average}+a_{Group\ Residual}[k]$$
$$k=1, \cdots, K \quad (2)$$
$$a_{Group\ Residual}[k] \sim Normal(0, \sigma_a)$$
$$k=1, \cdots, K \quad (3)$$
$$b[k]=b_{Total\ Average}+b_{Group\ Residual}[k]$$
$$k=1, \cdots, K \quad (4)$$
$$b_{Group\ Residual}[k] \sim Normal(0, \sigma_b)$$
$$k=1, \cdots, K \quad (5)$$

ここで，$Y=$株主価値の確率変数 (r.v.)，$X=$R&D 費の r.v.，$a=$切片の r.v.，$b=$傾きの r.v.，$n=$全サンプル母集団の各実データ，$N=$全サンプル母集団の全実データ，$k=$各グループサンプルの各実データ，$K=$各グループサンプルの全実データ，$Group=1$（創薬バイオ企業），$Group=2$（ワクチン開発バイオ企業），$Group=0$（全バイオ企業），及び $\sigma=$標準偏差としてそれぞれ設定する（Kruschke, 2014）。

FY2008 と FY2016 の各データを実装した再パラメータ化手法によるベイジアン McMC 分析の結果は，それぞれ表2および表3のように

クラウドファンディングによるネグレクテッド疾病薬開発ベンチャーの存続可能性について　39

処理・集約された。

　FY2008 において，両グループ全体では切片が平均 $19.77M（Million）［-1998.97（2.5％）～1725.08（97.5％）］で，傾きが平均 1.25［-18.76～13.64］である（表2，図5・6）。その内，創薬では切片が平均 $11.26M［-62.78～86.74］で，傾きが平均 1.88［1.59～2.17］であり，ワクチン開発では切片が平均-$35.64M［-107.16～31.03］で，傾きが平均 3.19［0.70～5.90］となる。ワクチン開発に比較し創薬の切片の大きさから

参入障壁の高さが理解できる。また，傾きの平均値はともかく分布形状における，創薬での幅の狭さから，リーマンショック直後でも，研究開発投資によるオプションへの貢献としての生産性の堅実さが推測できる。こうして，金融危機時の創薬での参入障壁と成長オプションへの研究開発投資の貢献の頑強性とが理解できる。

　FY2016 において，同様な線形回帰分析において，両グループでは，切片が平均 $46.29M［-2956.15～2876.95］で，傾きが平均 1.57［-20.73

表2　FY2008 のフィットサマリー（Fit Summary；データ：EDGAR, 2017）

	mean	se_mean	sd	2.5%	25%	50%	75%	97.5%	n_eff	Rhat
a0	-19.77	53.66	722.62	-1998.97	-149.18	-11.81	146.24	1725.08	181	1.02
b0	1.25	0.64	7.31	-18.76	0.25	2.21	4.24	13.64	131	1.02
a_raw[1]	0.13	0.02	0.71	-1.20	-0.31	0.08	0.53	1.61	862	1.00
a_raw[2]	-0.14	0.03	0.70	-1.58	-0.57	-0.13	0.30	1.20	670	1.01
b_raw[1]	-0.16	0.04	0.78	-1.77	-0.66	-0.13	0.36	1.30	339	1.01
b_raw[2]	0.23	0.03	0.75	-1.13	-0.28	0.21	0.71	1.73	505	1.01
s_a	1225.04	120.68	2041.00	9.30	96.44	385.04	1417.36	7481.68	286	1.01
s_b	9.70	1.28	12.96	0.17	1.79	4.70	12.30	46.82	103	1.04
s_Y	61.09	0.69	19.74	35.87	47.96	57.05	69.04	110.87	821	1.00
a[1]	11.26	0.68	37.33	-62.78	-11.45	10.89	33.99	86.74	3001	1.00
a[2]	-35.64	0.78	34.91	-107.16	-57.59	-34.96	-13.76	31.03	2003	1.00
b[1]	1.88	0.00	0.15	1.59	1.79	1.88	1.96	2.17	3810	1.00
b[2]	3.19	0.03	1.32	0.70	2.29	3.15	3.99	5.90	1692	1.00
lp_	-43.85	0.21	3.67	-52.09	-46.13	-43.51	-41.25	-37.43	297	1.01

Samples were drawn using NUTS (diag_e) at Sat Mar 11 18：17：03 2017.

For each parameter, n_eff is a crude measure of effective sample size, and Rhat is the potential scale reduction factor on split chains (at convergence, Rhat=1).

表3　FY2016 のフィットサマリー（fit summary；データ：EDGAR, 2017）

	mean	se_mean	sd	2.5%	25%	50%	75%	97.5%	n_eff	Rhat
a0	46.29	111.12	1315.48	-2956.15	-169.36	21.34	251.66	2876.95	140	1.01
b0	1.57	1.27	11.05	-20.73	-0.25	2.39	4.78	20.89	76	1.03
a_raw[1]	0.09	0.03	0.72	1.24	0.39	0.05	0.55	1.56	532	1.01
a_raw[2]	-0.13	0.03	0.74	-1.65	-0.60	-0.12	0.36	1.29	476	1.01
b_raw[1]	-0.28	0.04	0.74	-1.79	-0.76	-0.23	0.22	1.09	396	1.01
b_raw[2]	0.38	0.03	0.73	-0.96	-0.11	0.35	0.84	1.90	515	1.01
s_a	1755.13	650.90	3565.96	11.35	139.62	499.74	1916.71	10928.14	30	1.09
s_b	11.45	5.96	15.37	1.07	3.08	6.30	12.78	63.30	7	1.16
s_Y	100.75	1.42	33.24	57.36	78.04	93.65	115.05	184.24	551	1.01
a[1]	43.94	1.03	59.39	-74.50	7.32	43.20	81.20	164.07	3356	1.00
a[2]	-14.53	0.89	49.80	-111.93	-43.41	-16.13	15.80	85.25	3120	1.00
b[1]	1.24	0.00	0.12	0.99	1.17	1.24	1.31	1.48	3221	1.00
b[2]	4.14	0.02	0.88	2.28	3.60	4.17	4.72	5.84	2451	1.00
lp_	-48.59	0.70	3.38	-56.23	-50.60	-48.32	-46.29	-42.64	24	1.06

Samples were drawn using NUTS（diag_e）at Sat Mar 11 19：14：08 2017.

For each parameter, n_eff is a crude measure of effective sample size, and Rhat is the potential scale reduction factor on split chains (at convergence, Rhat=1).

図5 FY2008の切片のトレースプロットとヒストグラム（データ：EDGAR, 2017）

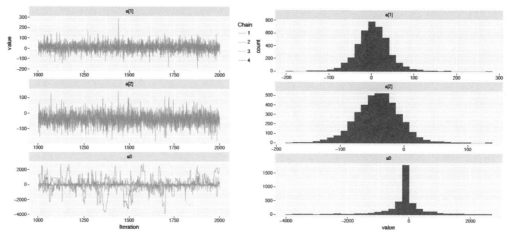

図6 FY2008の傾きのトレースプロットとヒストグラム（データ：EDGAR, 2017）

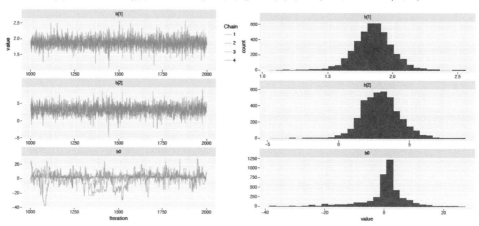

～20.89］である（表3，図7・8）。創薬では切片が平均$43.94M［-74.50～164.07］で，傾きが平均1.24［0.99～1.48］である。そして，ワクチン開発では切片が平均-$14.53M［-111.93～85.25］で，傾きが平均4.14［2.28～5.84］となる。切片での平均・分布ともに，創薬の方が依然として大きな値をとり参入障壁の効果が予測できる。他方，ワクチン開発における傾きの正の大きさと幅の狭さから研究開発生産性の改善が著しく，ガン免疫療法における最近の研究・技術革新に即した結果となっている。他方，創薬での傾きは依然として分布の幅が小さいけれどもワクチン開発に比較して低い水準に収斂しており，相対的に投資金額が大きいことによる開発生産性の一時的にしろ成長鈍化が考えられる。

こうして，階層型ベイジアンMcMC分析において，各属性を基に確率分布の期待値・標準偏差・分布形状などのパラメータを類別化しモデル化することによって，各グループの潜在的な特性を抽出することが可能になると期待できる。

5．結び

本研究では，途上国疾病に関連したプロジェクトを扱う米国での株式公開バイオベンチャー（あるいは中堅企業）での，社会的起業家による

図7 FY2016の切片のトレースプロットとヒストグラム（データ：EDGAR, 2017）

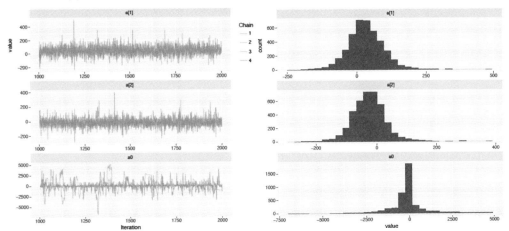

図8 FY2016の傾きのトレースプロットとヒストグラム（データ：EDGAR, 2017）

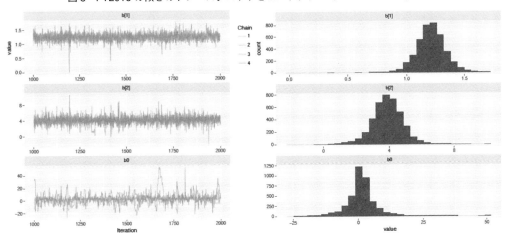

研究開発投資の金融危機下での持続性・頑強性に関連した財務特性を検討した。

先ず、たとえ純益がマイナスで、しかもリーマンショック直後であっても、成長オプションとしての総株主価値が健全であれば投資家から企業のポテンシャルを評価されていると考えられる。特に、バイオベンチャーにおける研究開発の投資は、純損益の既存水準を毀損するリスクが高いけれども、総株主価値には正の貢献をする可能性が高い。

ここでの階層型ベイジアン McMC 分析の結果では、リーマンショック直後であっても創薬型ベンチャーの研究開発生産性の堅実さが見られるが、最近では、むしろワクチン開発における研究開発生産性の頑強性が顕著であり、近年の免疫チェックポイント阻害剤（抗 PD-1/PD-L1 抗体、抗 CTLA-4 抗体）や CAR-T 細胞療法などのガン免疫療法での革新の進捗とも軌を一にする傾向といえる。両グループ間の相違は投資リスクに対する姿勢、技術的機会および投資金額に対する技術成果の相対的成熟度とを反映している可能性がある。

既に、米欧で途上国疾病に対応するバイオベンチャーなどへのクラウドファンディング投資の事例（Collabotations Pharmacruticals, Dodo Biotech Crowdfunding, Généthon, Northeastern University）が出ているが，本研究で検討したオプション理論やベイジアン McMC 手法によるシグナリング機能を拡張的に応用すれば，投資リスクの分散によって既存の政府助成や財団助成の開発手法を補完する，草の根の投資資金・研究開発協力・製造・医薬配送などの医薬開発経路の構築にて，民間ベースの社会的起業家精神を基礎にした一層の技術革新の民主化が期待される。ただし，医薬の専門知識に関する情報非対称性を克服するために，クラウドファンディングで投資案件をアップロードする際に，専門家による事前のチェックを必要とする。また，公正な競争を確保するためにはクラウドファンディング間の競争によるチェック・アンド・バランスも望まれる。

（1）FinTech とは金融（Finance）と情報技術を中心とした技術（Technology）とを統合した造語で，クラウドファンディング・ビットコインなどが含まれる。

（2）2017 年 12 月現在，ここで記した主要 3 大疾病の他に，WHO が定める 18 種の Neglected tropical diseases（多くは BVGH の 2012 年の文献と重なるが追加・削除も見られる）の計 21 種とされる。

＜参考文献＞

Black, F. and M. Scholes (1973) The pricing of Options and Corporate Liabilities, *Journal of Political Economy*, 81(3) : 637-654.

BIO Ventures for Global Health (BVGH) and Biotechnology Industry Organization (BIO) (2012) *Biotechnology: Bringing Innovation to Neglected Disease Research and Development*, San Francisco, CA: A Joint Report by BVGH and BIO.

Copeland, T. E. and V. Antikarov (2001) *Real Options*, New York: Texere.

Dixit, A. and R. S. Pindyck (1994) *Investment under Uncertainty*, Princeton, NJ: Princeton University Press.

Kruschke, J. (2014) *Doing Bayesian Data Analysis: A Tutorial with R, JAGS, and Stan, 2nd ed.*, London: Academic Press.

Merton, R. C. (1973) Theory of Rational Option Pricing, *Bell Journal of Economics*, 4(1) : 141-183.

Myers, S. C. (1977) Determinants of Corporate Borrowing, *Journal of Financial Economics*, 5(2) : 147-175.

Pisano, G. P. (2006) *Science Business: The Promise, the Reality, and the Future of Biotech*, Cambridge, MA: Harvard Business School Press.

USA SEC. EDGAR. (Access Date: March 1, 2017) https://www.sec.gov/edgar.shtml

社会的企業のマネジメントの困難と可能性
——協同組合による介護・生活支援を事例にして——

関西大学　橋　本　　理

【キーワード】社会的企業（social enterprise），協同組合（co-operative），生協経営（consumer co-operative management），介護保険（long-term care insurance），小規模多機能型居宅介護（multifunctional long term care in a small group home）

【要約】本研究は，協同組合による介護・生活支援の実践を事例として，事業性と社会性の双方を追求する存在として位置づけられる社会的企業のマネジメントの特徴を明らかにする。第1に，社会的企業の社会性を3つの次元から位置づける。第2に，介護・生活支援を提供する事業組織における社会性の発揮の現状について，協同組合（高齢者生協）の事例から明らかにする。事例分析から，高齢者生協では，社会サービスの供給と就労の場の創出によって社会の必要に応えていること，分権型で民主的な意思決定の仕組みが採用されていることがわかった。高齢者生協は，事業性と社会性を同時に追求する困難さに直面しながらも，その克服に向けたマネジメントの実践を続けている。事業性と社会性の両立が困難な領域で，その両者を同時に追求する点に，社会的企業のマネジメントの独自性をみてとることができる。

1. はじめに

　本研究は，協同組合による介護・生活支援の実践を事例として，事業性と社会性の双方を追求する存在として位置づけられる社会的企業のマネジメントの特徴を明らかにすることを目的とする。第1に，社会的企業の社会性を3つの次元から位置づける。第2に，介護や生活支援のサービスを提供する事業組織における社会性の発揮の現状について，協同組合の事例から明らかにする。その過程で，社会的企業のマネジメントの困難さと，その意義や可能性を示す。事業所の立ち上げや事業継続に際して職員や利用者の事業所運営への参加がどのような意味を持つのか，意思決定における分権（事業所と本部の関係）が抱える意義や課題がどのようなものであるかなどが主要な論点となる。

2. 社会性の3つの次元

　ここでは，本研究における社会的企業の「社会性」の理解について簡潔に整理しておく[(1)]。先行研究を踏まえれば，社会的企業の「社会性」は，おおむね以下の3つの次元から説明される。第1に，社会的企業の「社会性」は財・サービスの特質と関わることが指摘できる。例えば，社会福祉の領域では支払い能力の低い社会的弱者にサービスを供給することが必要となるが，そのような分野の事業において利益を出すのは容易でない。事業性が低い領域において社会の必要に応えて財・サービスを供給するところに，社会的企業の「社会性」を見出すことができる。
　第2に，就労の場の創出という点があげられる。就労困難者（例えば，障害者やひとり親家庭の親，移民・少数民族など）に対して，ケアやカ

ウンセリングなどを提供したり，就労に向けたトレーニングを行ったり，さらには就労の場をつくりだす事業組織が，世界的に広がりをみせている。その取り組みは，社会的企業による労働統合（work integration）として社会的企業論の文脈では重視されている。労働統合型の社会的企業は，人件費の削減などを通じて利益追求を目指す事業組織とは異なり，就労の場の創出を通じて社会の必要に応える存在として捉えられる。

EU諸国を中心とした社会的企業の研究ネットワークであるEMES（L' Émergence des Enterprises Socials en Europe）の研究者の多くは，社会的排除の克服に取り組むことを社会的企業の「社会性」と理解しているが，その主な活動分野として「対人社会サービスの供給」と「労働統合」があげられる（Defourny, 2001, p.18）。これまでの社会的企業に関する研究や実践のなかでは，社会的弱者へのサービス供給，および，社会的弱者の就労の場の創出が重視され，社会的企業が「社会性」を有することの根拠として理解されている。

第3に，社会的企業においては，ガバナンスとマネジメントのあり方が一般企業とは異なる独自の特徴を有していると捉えられる。本研究が対象とする協同組合に関していえば，協同組合が非営利であることの根拠として，民主的な意思決定のあり方が備わっていることがあげられることがある。だが，民主的な意思決定は事業組織の「社会性」を担保するうえでも重要であると考えられる。事業組織が「社会性」を発揮するためには，一般の営利企業とは異なる独自のガバナンスとマネジメントの仕組みが必要と考えられるからである。社会的企業においては利益追求と社会的な価値の実現の同時追求が目指される。だが，それは容易ではない。利益追求を制限する何らかの仕組みがなければ，社会的な価値の実現が困難になる場合もあろう。その仕組みが実質的に機能しているかどうかは別途立ち入った検討が必要だが，例えば，一人

一票の原則を有する協同組合は，株主への利益の還元が重視される株式会社とは異なった独自の行動原理を有するものとみなせる。協同組合における民主的な意思決定の仕組みは利益追求の足かせとなり，社会的な価値の実現を促すと考えられるからである。だが，後にみるように，協同組合の民主的な意思決定を通じた「社会性」の発揮は「言うは易く行うは難し」であり，その内実の分析が不可欠となる。

社会的企業の活動の広がりは多様なかたちでみられる。協同組合もその事業形態のひとつである。例えば，産業社会の成熟化に応ずるかたちで社会的な課題が深化・多様化するなか，福祉サービスを供給する協同組合や，就労の場の創出を重要視する協同組合が広がりをみせている。ヨーロッパ諸国（イタリア・ポルトガル・ギリシャ・スペイン・フランスなど）では社会的協同組合の法制化が進み，アジアにおいても韓国で社会的協同組合の設立を認める法律ができるなど，社会的な価値を実現することを主眼とした協同組合の設立が促されている。社会的弱者へのサービス供給や就労の場の創出の必要性が増すなか，それらの課題に応ずるかたちで協同組合のリニューアルが進められている。

3. 介護・生活支援をめぐる概況

3−1. 日本における社会保障制度と介護保険制度の状況

近年の社会保障制度をめぐっては[2]，端的にいえば，国家の役割を後退させるという流れのなかで，第1に，市場化がすすめられてきた。20世紀末に進められた社会福祉基礎構造改革のもとでは，利用者の立場にたった制度構築の重要性が強調され，利用者保護（権利擁護や苦情解決など）の制度が創設されるとともに，措置制度から契約制度への転換が進められ，利用者の選択を実現するために多様な事業者の参入が進められた。従来，公的制度のもとでの社会福祉サービスの供給主体は自治体や社会福祉法

人などに限定されていたが，例えば介護保険制度下では居宅介護サービス事業については法人格の種別に限らず参入が可能となり，株式会社や協同組合，特定非営利活動法人などの事業参入が進んだ。制度設計や財源保障は国が行い，サービスの供給は民間事業者が行い，事業者と利用者は契約を交わすことによりサービス供給がなされる。福祉サービスの準市場化が進められたのである。

第2に，近年の社会保障制度改革のもとでは地域や家族の役割が改めて強調されるようになった。2012年の社会保障制度改革推進法では，受益者負担を推し進める方向とともに，家族相互および国民相互の助け合いの仕組みの重要性が説かれる。2015年の改正介護保険制度で導入された「新しい介護予防・日常生活支援総合事業」（「新しい総合事業」）では，訪問型および通所型サービスの提供主体として，有償・無償のボランティア等（住民主体による支援）が制度のなかに位置づけられた。住民の助け合い活動やボランティア活動が公的な制度に組み込まれたという点で，これまでとは異質な次元の制度改変が進められている。

介護保険制度の導入時は，「保険あってサービスなし」という事態を避けるべく，営利企業形態である株式会社，ならびに生協や農協などの協同組合，住民の助け合い活動を組織してきた特定非営利活動法人などの参入が進められてきた[3]。だが，国が定める介護報酬に振り回される事業環境は厳しいものがある。地域の状況やサービス内容にもよるが，事業を持続的に行うのはたやすくない。また，「新しい総合事業」のもとでの有償・無償のボランティア等による生活支援や介護予防に関しては，営利企業による供給はほぼ見込めず，事業主体としては協同組合や特定非営利活動法人などの非営利の事業形態のみが期待される状況が生じている。介護・生活支援のサービス供給は独特の事業環境にあり，事業として成り立つ分野と成り立たない分野が混在するグレーゾーンとなっている。

国が住民の助け合い活動やボランティア活動を制度に組み込むことは，国の規範を住民に押しつけ，住民の自発的な活動の意義を損なう危険性を伴うが，そのようななかでも高齢者の介護や生活支援を住民自らの課題として捉え，住民主体で課題解決の仕組みをつくってサービスを供給している団体は少なくない。その試みは，事業性が低い領域において社会の必要に応えて財・サービスを供給しているという意味で社会的企業の一形態による活動として捉えられる。だが，住民主体の助け合い精神に支えられた介護や生活支援の実践には，事業収入が活動の存続に大きな意味を持つものから，活動のほとんどをボランティアに頼るものまでその形態はさまざまである。

事業の担い手の側面とボランティア活動の担い手の側面の双方の特徴を有する協同組合や特定非営利活動法人は，事業活動と助け合い活動の双方が求められる介護・生活支援のサービス供給の主要な担い手となりうる存在である。だが，サービス供給の実践においては，事業活動の持続的な遂行と社会性の発揮の両立を目指さなければならない。これらの諸組織は，事業性と社会性の両立が困難な領域において存立するからこそ，その存在意義が発揮できるといいうるが，他方，相矛盾する両者を同時追求しなければならない点でマネジメントの困難さに直面することになる。

3−2．協同組合による介護・生活支援の状況

協同組合はこれまで高齢者の介護・生活支援にどのように関わってきたか。いわゆる住民参加型在宅福祉サービスは住民相互の助け合い活動が基本となるが，消費者生協や農協，ワーカーズコレクティブなどにおいても助け合い活動が組織化され，高齢者の介護や生活支援サービスが提供されてきた。だが，介護保険制度の導入後は，消費者生協や農協においても制度に基づく介護保険サービスが提供されるようになる。制度に基づく介護サービス事業と，制度に

基づかない助け合い活動の双方が実施される点に，協同組合による介護・生活支援の取り組みの特徴を見出せる。また，医療サービスを提供する医療生協やJA厚生連病院においては患者の会やボランティアグループなどが組織されてきており，従来から医療事業と助け合い活動の双方が取り組まれてきたが，医療生協やJA厚生連病院においても介護保険制度の導入後は制度に基づく介護保険サービスが提供されるようになった。介護保険制度の導入前後から，福祉サービスのニーズの高まりとともに医療生協は医療福祉生協として福祉サービスの供給に力を入れるようになってきた。また，ワーカーズコレクティブやワーカーズコープなど労働者協同組合としてのアイデンティティをもつ協同組合も1980年代頃から広がりをみせるようになった。それらのなかには介護や生活支援サービスの供給に力を入れるものも少なくない。社会福祉サービスの供給や就労の場の創出などに特化した協同組合が，社会の必要に応ずるかたちで登場するようになってきたのである。

4. 介護・生活支援におけるマネジメントの困難と可能性

4-1. ささえあい生協新潟の事例

4-1-1. 高齢者生協の基本的特徴

　本研究では，高齢者生協として位置づけられる「ささえあいコミュニティ生活協同組合新潟」（以下，「ささえあい生協新潟」と表記）を事例としてとりあげる[4]。高齢者生協の多くは労働者協同組合運動に支えられて発展してきており，日本高齢者生活協同組合連合会に属している[5]。都道府県別に設立され，同連合会に加盟している高齢者生協は21団体となっている（2017年11月末現在）。「寝たきりにならない，しない」，「元気な高齢者がもっと元気に」をスローガンに，「仕事・福祉・生きがい」が活動の柱となっている。高齢者生協は，一般的な労働者協同組合とは異なり，就労者（職員）の組

合員と利用者の組合員によって構成されていることから，労働者協同組合と生協の両者の特徴を備えた「複合協同組合」としての性格をもつユニークな存在である。高齢者生協という名称だが，組合員は高齢者に限定されない。また，日本高齢者生活協同組合連合会の加盟団体のなかには，組織名に「高齢者福祉生協」や「ふくし生協」といった言葉が使われているものもあり，福祉事業のウェイトが高いことがわかる。本研究が対象とするささえあい生協新潟には高齢者という言葉が組織名に使われていないが，その理由は高齢者に限定されず，誰もが地域で支え合うという意味を込めるためだとされている（高見，2012，35頁）。

　高齢者生協のスローガンである「仕事・福祉・生きがい」には，労働者協同組合として高齢者自身が自らの仕事の場をつくるという面，高齢者の必要に応えるために福祉サービスを供給するという面，高齢者の生きがいづくりのための活動の場をつくりだすという面があるが，高齢者自身が自らの手で仕事をつくりだすことはたやすくない。そのようななか，介護保険制度の導入に際して，多くの高齢者生協ではホームヘルパー養成講座の事業を担うようになり，介護サービス事業が中心を占めるようになっていった。他方，介護サービス事業が展開されるなか，生きがいの場をつくる活動の展開が十分ではない状況も生じた。「仕事・福祉・生きがい」という活動の三本柱に総合的に取り組むことが理想であろうが，事業組織の存続のためには介護保険事業が中心の事業展開を余儀なくさせる状況もみられた。活動の三本柱に総合的に取り組むことは高齢者生協における課題であり続けている。

4-1-2. ささえあい生協新潟の特徴

　本研究が対象とするささえあい生協新潟は2005年秋に任意事業として宅老所を立ち上げることによってスタートし，2006年2月に生協法人として認可を受けた。他の多くの高齢者生協が1990年代後半に設立されているのに比

べると，ささえあい生協新潟は比較的新しい高齢者生協であるが，右肩上がりで事業を増やしてきており，現在では事業高でみれば日本高齢者生活協同組合連合会に加盟する高齢者生協のうち二番目の位置にある。2016年度決算によれば，組合員数が1,413人，出資金額は1億2,471万5,000円，事業高は8億2,366万6,218円となっている（2017年3月末現在）。

ささえあい生協新潟の事業の中心は，介護保険制度に基づく小規模多機能型居宅介護事業所の運営である。2006年の改正介護保険制度のもとスタートした小規模多機能型居宅介護は「通い」，「宿泊」，「訪問」を柔軟に組み合わせて提供する地域密着型サービスである。ささえあい生協新潟は，新潟市における第一号の小規模多機能型居宅介護事業所となる「ささえ愛あわやま」を2006年4月に開所し，その後，現在までに9カ所の小規模多機能型居宅介護事業所を開設し運営している。そのほか介護保険・高齢者関連の事業所としては，認知症対応型共同生活介護事業所（グループホーム）を1カ所，村上市からの指定管理事業者としてデイサービスセンターを1カ所，サービス付高齢者向け住宅を1カ所（関連法人である医療法人社団ささえ愛よろずに業務の一部を委託），それぞれ運営している。

さらに，ささえあい生協新潟では主として若者を対象とした就労支援事業を実施しているという特徴もある。厚生労働省および自治体からの委託事業として2カ所の若者サポートステーション，新潟市からの委託事業としてひきこもり相談支援センターを1カ所運営している。また，障害者総合支援法に基づく就労支援事業所「きまま舎」（就労移行支援・就労継続支援B型）を運営しており，高齢者施設での日常清掃，高齢者施設での話し相手，カフェでの接客・調理，コーヒー販売・デリバリーなどにより，就労の場をつくりだしたり，各自が抱える悩みを一緒に考える機会をつくりだしている。

関連法人には，先に述べた医療法人社団ささえ愛よろずのほか，一般財団法人ささえあいコープ新潟・一般社団法人縁樹などがあり，事業内容に適合した関連法人が設立されてきた。また，地域密着型介護老人福祉施設入所者生活介護事業（ミニ特養）が2018年より実施される予定となっており，その運営主体として社会福祉法人けやき福祉会が2017年7月10日に設立された。施設サービスであるミニ特養は第一種社会福祉事業に該当する。第一種社会福祉事業の経営主体は原則として行政および社会福祉法人に限られることから，社会福祉法人の設立が進められてきたのである。新潟市によってミニ特養と小規模多機能型居宅介護事業がセットとなって事業者が公募され，社会福祉法人けやき福祉会は指定候補として選定を受けている。ささえあい生協新潟は，設立準備会の活動に対する人的支援，資金援助（基本金1億円のうち5,000万円をささえあい生協新潟が設立準備会に寄付），土地取得に関する連帯保証，設立後の業務提携や役員派遣などを行っており，社会福祉法人けやき福祉会への支援および両法人の相互協力が図られている。以上のように，ささえあい生協新潟は，事業内容に応じた関連法人と連携してグループとして医療・福祉のサービスを地域で総合的に提供する仕組みをつくりだしてきている。

他方，活動の柱の1つである「生きがい」づくりについては，介護サービスや就労支援の事業展開に比すると発展途上の段階にある。組合員による地域活動の活性化を促すべく，2016年度から総代の選出区毎に地域活動費として年間20万円の予算がつけられた。例えば，組合員や地域住民が集うサロンをつくり，カラオケや寄席，コンサートなどを企画・運営することによって，組合員同士の交流が図られている。また，生活上の困り事（買い物・ごみ出し・草取りなど）を組合員同士が助け合い支え合う生活支援サービスを2016年4月にスタートさせている。この取り組みはいわゆる有償ボランティアによるものであり，消費者生協における「く

らしの助け合いの会」と同様の仕組みとなっている。現段階では利用件数が1カ月に10件未満であり，サービスを提供する組合員の確保が課題となっている。

4－2. マネジメントの独自性―民主的なマネジメントの困難と可能性

4－2－1. 事業所の立ち上げと運営―現場からのボトムアップ

ささえあい生協新潟のマネジメントの最大の特徴は，事業所の立ち上げからその後の運営に至るまで現場の意思が最大限尊重されるボトムアップ型の仕組みになっているという点にある。次々と立ち上げられた小規模多機能型居宅介護事業所はその端的な例である。事業所の設立に際しては，事業所を立ち上げたいという地域住民の思いが出発点となり，法人本部はそれをサポートするかたちをとる。開設に携わるメンバーは賛同者に組合加入をよびかけて出資金を募り，さらには組合債（組合員からの借入）を発行するなどし，国や自治体からの補助金，金融機関からの借入とあわせて，開業資金を確保する。事業所の設立後は，独立採算であり，事業所の運営のあり方は，管理者の方針や能力，職員の意向によるところが大きい。事業計画や収支計画はすべて現場が作成する。予算策定にあたって，原価率が85％，本部運営費＝一般管理費が10％，事業所利益が5％とされる。各事業所は一般管理費として売上の10％を本部に支払うが，利益がでた場合には事業所の建物改修費等の積立のほか管理者や職員に配分できる。

したがって，9カ所の小規模多機能型居宅介護事業所の運営のあり方はさまざまである。例えば，ある事業所では，地域住民や自治会とのつながりを重視する一方で，効率を考えた運営をめざし，少数精鋭で有能な若い世代の職員を育てることに力を入れている。業績向上の工夫を積み重ね，職員には賞与で還元して報いるという方針をとっている。他方，別の事業所では理想の介護の実現を目指すといった方針がとられたり，「利用者のため」という考えのもと，通常の1.5倍程度の人員を配置しているところもある。事業所の運営の基本的なあり方は，毎月開催される管理者と職員による事業所職員会議で決められる。

協同組合では組合員がみんなで出資し，運営し，利用すること（民主性）が重視されるが，そのあり方が形骸化しているところも少なくない。そのようななか，ささえあい生協新潟では，事業所の立ち上げ資金を出資や組合債などによってみんなで確保することからはじまり，日々の事業所の運営についても組合員である職員がみんなで意思決定する仕組みがとられている。また，事業所毎に独立採算であり，管理者の方針によって職員の配置数や賞与の額などは大きく異なり，いわば，事業所分権型の組織構造となっている。

しかし，ささえあい生協新潟におけるマネジメントは，理想と現実のギャップに直面するなか，常に試行錯誤をくりかえしている。例えば，事業所の立ち上げや運営をどのように本部はサポートしているのか。事業所開設にあたっては，地域のなかで事業所を立ち上げたいという声があがり，本部がその思いを受けとめて開設に向けた具体的な動きが起きる。だがもちろん，事業所の開設がすべてうまく実現するわけではない。開設に至らなかった事例としては，土地・建物など物件情報だけで立ち上げ主体（人）がいない，やりたい人はいるが賛同者がいない，理念や経営能力がない，資金を集める工夫がないなどさまざまである。また，事業所の開設後に閉鎖・廃止をしたり，法人を脱退したりする例もあるが，その理由は仲間割れ，採算割れ，経営路線の違いなどである（高見，2016，60-62頁）。理事会は2011年に「新規事業所開設判断基準」，2013年に「事業所立上げマニュアル」を定めるなど，曖昧であった新規事業所の開設判断に基準を設け，開設基準の明示化や標準化を図ってきた。

だが，開設の判断基準などを整備してきたなか，2016 年に開設された新規事業所においては，予定どおりの出資金が集められず，利用者を十分に集めることもできず，開業まもなく資金不足に陥った。管理者や職員には理想の介護を実践したいという強い思いがあるものの，事業所の運営という観点からいえばそのノウハウが十分でなかったこと，建築費の高騰などで以前より開業資金が高くなっているがそれに対して本部の方針が明確でなかったことなどが，資金不足が生じた要因として考えられる。そのようななか，本部から事業所の運営をサポートする人員を派遣して，赤字解消を図ることになった。

そもそも，事業所を立ち上げたいという地域住民の思いに応え，それをサポートするかたちで事業所の開設を続けてきたささえあい生協新潟であるが，当然ながら赤字の垂れ流しを容認し続けられるわけではない。9 つの小規模多機能型居宅介護事業所のうち 3 事業所において収支状況が非常に厳しいという状況が生じるなか，2016 年度から，各事業所が作成した予算に対して 3 カ月連続で剰余（利益）が出ない場合には，事業所は改善計画を作成しなければならないという仕組みがとりいれられてきた。しかし，本部が事業所に頭ごなしに指導するというかたちはとられていない。事業所は本部に指導を要請することができるが，事業所自身が改善計画に基づき努力をするのが基本となる。まずは現場での実践にまかせ，問題がでたら修正・改善を加えていくというかたちがとられている。手間暇をかけながらも現場の自主性を最大限重んじる点に，マネジメントの独自性を見出せよう。

4-2-2. 事業所と本部のせめぎあい

うえにみたように，事業所の独立性が高いなかで，本部と事業所はどのような関係にあるのか。ささえあい生協新潟では，本部役員と事業所長によって構成される全体経営会議において，法人全体に関わる重要な事項が検討される。全体経営会議で合意が得られない事項は理事会で審議に入ることは難しい。本部に支払う一般管理費を何％に設定するか，事業所毎に異なる給与体系の統一をどう図るかなど，本部と事業所の間，事業所と事業所の間で意見の相違があり，それらについても全体経営会議において議論が積み重ねられてきた。先述のように，事業所が赤字を抱える場合には，本部が事業所に対して指導することも必要であろうが，指導を強めると本部の命令や押しつけと受けとめられ，事業所の反発が生じかねない状況がある。分権が行き過ぎると，本来は理事会の責任であることも現場任せとなってしまい，他方では，事業所は責任を感じないで何かあったときにだけ本部に頼るといった状況が生じる。事業所の開設から運営まですべて現場主導とはいっても，法制度上は理事会が最終的な責任を負わねばならない。したがって，各事業所の意向を最大限尊重して意見の相違を許容するかたちの意思決定プロセスを組み立ててはいるが，現場主義の行き過ぎの弊害に直面するなかで，どのように本部機能を発揮させるかが課題となっている。みんなで運営に参加するとはどういうことなのかについて，理事会や全体経営会議での議論などを通じて学習する過程が積み重ねられ，理念を唱えるだけでなく具体的な方法の改善を図り続けることが，ささえあい生協新潟のマネジメントの肝となっている。

5. おわりに

本研究が事例にしたささえあい生協新潟では法人開設後 10 年余で小規模多機能型居宅介護事業所を 9 カ所開設してきたが，新潟市では介護保険事業計画どおりに事業者参入が進まない状況がみられる。新潟市が事業所の公募を数度くりかえすなかで，ようやく事業所の応募があるという状況にある。介護事業所の事業環境が厳しく，事業所の開設が容易ではない現状があるからである。そのようななか，介護事業所が

必要であるという地域住民による思いを出発点にし，事業所の開設と運営を実践してきたささえあい生協新潟は，社会の必要に応えてサービスを提供しているという点で，社会的な意義を発揮している。

また，介護の現場では，介護の仕事をやりたいという熱い思いを持った人材はいるが，管理者の資質や能力を最初から備えている人はそれほど多くないと認識されている。ささえあい生協新潟では，介護の現場で働きたい人の思いを大事にして事業所の運営を続けていくこと，管理者に据えられるような人材を育てていくことが重視されている。さらには障害者や就労困難者などの就労の場の創出も意識的に進められている。すなわち，ささえあい生協新潟は，社会サービスの供給と就労の場の創出により，社会の必要に応えていることになる。

しかし，そもそも事業環境が厳しいなか，分権的で民主的な仕組みをとりつづけることは容易ではない。トップダウンではなく現場の自主性を重んじた意思決定のあり方を貫くことは，手間暇や時間がかかり効率的とはいえないかもしれない。だが，利用者の必要に応えることが最も重視されるべき介護・生活支援の分野だからこそ，みんなで出資し，運営し，利用するという民主的なあり方が適合的であり，効果的な面もあるのではなかろうか。現場の自主性を重んずることによってこそ，理想的な介護・生活支援のサービス提供に近づくことができ，就労の場を創出しながら事業組織の運営を継続することが可能となると考えることもできよう。ささえあい生協新潟は，分権型で管理者や職員の自発性を尊重し，さらには就労の場の確保に重きをおきつつ，介護・生活支援のサービス提供を実践し，社会の必要に応えている。事業性と社会性の同時追求が求められる社会的企業におけるマネジメントの1つのあり方を提起している点に，その意義や可能性をみてとれよう。

［謝辞］本稿の作成にあたっては，ささえあい生協新

潟の役員・職員の方々にお世話になった。ここに記して御礼申し上げます。なお，本研究の一部はJSPS科研費15K03703の助成によっている。

（1）その詳細についてはすでに橋本（2015a）で論じている。
（2）近年の社会保障制度の改変の状況や，その改変が市民活動団体にもたらす影響については，橋本（2016）を参照されたい。
（3）住民相互の助け合い活動としてスタートした市民活動団体の多くは，介護保険制度の導入後は特定非営利活動法人の法人格を取得して介護保険制度に基づくサービスを提供するようになるとともに，制度の枠外で助け合い活動として介護・生活支援の供給も並行して行っている。その事例については，さしあたり橋本（2016）を参照されたい。
（4）ささえあい生協新潟の設立の経緯や活動内容の詳細については，橋本（2015b）を参照されたい。上記文献に加えて，本研究の事例分析は，同生協の理事長・専務理事および事業所管理者からのヒアリング（2017年3月14日実施），同生協発行の関連資料によっている。なお，上記のヒアリング内容については，本稿で触れられなかった点を中心に再整理して研究ノートとしてまとめた（橋本，2018）。本稿の叙述と橋本（2018）は一部重複する箇所があることを断わっておく。
（5）高齢者生協の連合会である日本高齢者生活協同組合連合会は，日本労働者協同組合連合会の加盟団体となっている。日本には労働者協同組合を設立するための法律が存在しないため，高齢者生協は消費生活協同組合（いわゆる生協）の法人格を有している。

< 参考文献 >

Defourny, J. (2001) Introduction: from third sector to social enterprise, In Borzaga, C. and Defourny, J. (eds), *The Emergence of Social Enterprise*, pp.1-28, Routledge.

高見優（2012）「コミュニティワークで地域福祉を支える―ささえあいコミュニティ生協・新潟」『月刊自治研』638号，34-41頁。

――（2016）「ささえあい協同の力で，住民と共に仕事をつくり・地域を育む」『所報協同の発見』278号，60-67頁。

橋本理（2015a）「社会的企業の経営探究―企業形態としての独自性とその矛盾」『経営学論集』85集，54-63頁。

――（2015b）「協同組合による福祉事業・就労支援事業の実践―高齢者生協の事例から」重本直利編

『ディーセント・マネジメント研究—労働統合・共
生経営の方法』晃洋書房，65-78 頁。
———（2016）「改正介護保険制度と市民による助け合
い活動の新たな展開—『市民福祉団体の意義』再考」

『関西大学社会学部紀要』48 巻 1 号，25-60 頁。
———（2018）「社会的企業におけるマネジメントの独
自性と課題—高齢者生協の事例から」『関西大学社
会学部紀要』49 巻 2 号，刊行予定。

中小企業 CSR 経営実態調査結果と CSR 経営の展望

近畿大学　足　立　辰　雄

【キーワード】CSR, CSV（Creating Shared Value），ステークホルダー（stakeholder），持続可能な成長（Sustainable Growth），持続不可能な成長（Unsustainable Growth），日本的 CSR（Japanese CSR）

【要約】持続可能な社会へのマネジメント・ツールである CSR 経営の実効性を考える上で，2 つの重要な仮説（ステークホルダー資本主義と CSV 概念）の検証を行い，CSR 経営の科学的な方法を考察している。CSR 経営の方法論を踏まえて，過去 3 回実施された日本の中小企業における CSR 実態調査結果を分析した。その結果，日本の中小企業の CSR 経営の取り組みは年々改善されており，いくつかの課題を解決し克服するなら，日本の中小企業の持続可能な成長が期待できることを展望している。

1. はじめに

　組織の社会的責任の国際規格である ISO26000（ガイドライン）が 2010 年 12 月に発効し企業の倫理的なビジネスの世界標準が確立して，7 年以上の歳月が流れた。この間に，日本では東日本大震災（2011 年 3 月）が発生し，津波による多数の犠牲者を出して大地震への防災対策が危機管理の要であることを再認識させた。この大地震の影響を受けて福島第一原発の原子炉 3 基がメルトダウン（炉心溶融）またはメルトスルー（溶融貫徹）し，チェルノブイリ事故と並ぶ原発事故史上最悪（レベル 7）の災害をもたらした。CSR 経営を標榜し社会的責任の目標と体制を形式的にもっていた東京電力は，原発事故当事者として，いまだに事故の責任を公式に認めず経営責任者（当時）の処分をも行っていない。CSR の目標や体制を公言しても結果責任をとらない CSR は実効性を持たない[1]。本報告は，企業の自主的な活動である CSR の意義と限界を確認しつつ，有効な CSR 経営のモデルを考察している。

　2010 年夏に，筆者は 9 名の経営学研究者とともに，中小企業家同友会全国協議会（中同協）の協力を得て，全国の中小企業の CSR 経営の実態調査を初めて行った。その調査結果を踏まえて 2011 年には CSR 優良企業候補の現地視察，インタビューも行った。これらの研究成果は『サステナビリティと中小企業』（同友館）と題して公刊されている[2]。

　2010 年時点で，日本の中小企業の CSR に取り組む企業はまだ少数派で，CSR に対する認識不足と回答する企業も過半数を占めていた。近年，大阪府商工会連合会を中心とする 2 回にわたる大阪府下の実態調査（2014 年，2015 年）により，中小企業の中で CSR 経営に対する理解と実践が進んでいることが明らかになった。日本の経済政策を推進する行政機関（経済産業省や中小企業庁）が公式に CSR を推進する経済政策を持たない中で，日本企業の多数を占める中小企業に対する CSR 支援策は脆弱と言わざるを得ない。それでも，中小企業の CSR に前向きに取り組む傾向は，今後の日本における CSR の力強い発展可能性を孕んでいる。

　CSR 経営研究の方法に関連して，持続可能

な企業成長をもたらすCSRを敬遠し本業による利益主導の経営でCSRに取って替わろうとする仮説がある。M. E. ポーターのCSV概念である。CSVとCSRの違いは何か，CSVはCSRと両立するのか，という観点からCSV概念を批判的に考察した。他方，EU諸国を中心に持続可能な社会づくりとCSR経営に有効とみなされるステークホルダー資本主義という概念がある。ステークホルダー資本主義が企業経営の民主的な運営に肯定的な影響を与える側面は認められるが，ステークホルダーの選択の基準次第では持続不可能な社会づくりにつながるリスクもあることを本報告は示唆している。

　この報告では，第一に，CSR経営が持続可能な社会形成の企業成長モデルになることを独自にビジュアル化し，ステークホルダー資本主義論とCSV理論を検証してCSR経営研究の科学的な方法を探求している。第二に，中小企業CSRの全国調査結果と大阪府下の調査結果から，中小企業の間でCSRに対する理解と実践が進み大きな胎動が生まれている実態を明らかにしてCSR経営の展望を説明している。第三に，CSRに対する理解と実践を有効に進めるためのインフラ政策とCSR経営の諸課題について言及している。

2. 持続可能な社会とCSRに関わる論点について

2-1. 主要経営学説の最後に登場したCSR理論の背景

　19世紀末から20世紀初めにかけて誕生した科学的管理法（F. W. Taylor）はそれまでの成行管理を批判しビジネスに「科学的な目標」を導入して労働者を統制する経営原理と手法を開発した。ところが，フォードT型車の大量生産体制に見られるように，機械が人間を酷使するという主客転倒した事態を招き，社会的な批判を浴びた。その後，ウェスタン・エレクトリック社のホーソン工場で行われた実験から，良

好な人間関係の構築が労働生産性の向上に有効であるとする人間関係論（G. E. Mayor, F. J. Roeth-lisberger）が誕生した。この科学的管理法と人間関係論の両者の長所を取り入れた行動科学（C. I. Barnard）は経営者の意思決定を最適にし，組織の利害の均衡（組織均衡論）を図ることを提唱した。1960年代に入ると，本業以外の多角化など成長への大胆な方策を経営戦略（I. Ansoff）と称して，企業の競争的地位の強化と利益至上主義が強調される。1980年代に競争戦略論を提唱したポーター（M. E. Porter）は，競争優位，価値連鎖，クラスターなどのカテゴリーを次々に創造して，グローバリゼーションに対応する企業の競争力強化策を合理化した。

　アメリカ経営学が主導した100年以上にわたる20世紀の経営学説は，2001年のエンロン事件，2002年のワールドコム事件など企業の不祥事（モラル・ハザード）の発覚によって，企業の利己的な成長と経営者の反社会的な経営が世界的に批判された。持続可能な社会をつくるために，資本主義的信用制度のあり方が問われ，地球環境問題の危機への対策など国際的な要請から，経営学を巡る環境は大きな転換点を迎える。経営者の独裁や横暴を防ぎ組織の自浄作用を強化する組織統治（コーポレート・ガバナンス）や人間の無分別な経済活動を是正し環境や社会にも配慮したトリプル・ボトム・ライン（J. Elkington），環境マネジメントの国際規格（ISO14000）など，フェアな経営理論の策定を求めるマネジメントの手法が開発，推進された。

　組織の社会的責任規格として成立したISO26000（2010年発行）は，企業のエゴイスティックな成長を内部から統制し持続可能な社会に向けた倫理的なマネジメントの理論として世界に受け入れられた。経済と環境と社会とのバランスある維持と発展をめざすこのマネジメントの理論は過去100年以上に及ぶ資本主義的企業経営のマネジメント学説の批判的継承であり，総括的なマネジメントの体系といえる。こ

の規格化を促した主要な潮流がアメリカではなく，EU，発展途上国，NGO であることは示唆的である。だが，次の諸学説に見られるように CSR の理論には未熟な側面もあり克服すべき課題も多い。

2−2．ステークホルダー資本主義論（R. E. Freeman）の意義と限界

　フリーマン（R. E. Freeman）は，「ステークホルダー資本主義」という共著の論文で，つぎのように指摘した。アメリカのフリードマン（M. Freedman）を典型とする株主の経済的自由主義やポーターの競争至上主義など資本主義を支持してきた伝統的な学説が，企業のモラルと経済的繁栄を分けて捉えてきた欠陥を指摘し，社会的な価値の創造と協働を尊重し持続可能な社会を目指す資本主義（ステークホルダー資本主義：stakeholder capitalism）への転換を強調した[3]。このステークホルダー資本主義の考えは，CSR の実質な世界標準である ISO26000 の理論的支柱となっている。「3.3.3　社会的責任におけるステークホルダーの役割　ステークホルダーの特定及びステークホルダーエンゲージメントは，社会的責任の基本である。…4.5　ステイクホルダーの利害の尊重　原則：組織は，自らのステークホルダーの利害を尊重し，よく考慮し，対応すべきである」[4]。

　株主や顧客，従業員，自治体，競争当事者，NPO など企業の利害関係者との関係を貢献と報酬の基準からバランスある調整を図るバーナードの組織均衡論を応用し，win-win の満足する関係を構築して企業の成長を進めようとする考え方である。だが，会社経営者の考える経営方針や戦略が持続可能な成長を目指すとは限らない。たとえば，日本の電力会社（8社）は，原発から脱却して再生エネルギー開発を選択すべきではないか，との株主の提案をすべて拒否して原発の再稼動と継続の方針を株主総会で決定した。この場合，原発事故の悲惨な教訓から脱原発を志向する消費者団体や環境保護団体に

ステークホルダーの対象を求めるのか，あくまでも従来通り原発を推進する行政機関や研究機関，産業界の利害にウェイトを置くかによって，会社の成長方向は大きく分かれる。原子力村（原子力を推進する一種のシンジケート）ともいわれる原子力の推進によって利害関係のあるステークホルダーとの共存・共生を重視すれば，原子力という持続不可能なエネルギー開発を選択せざるを得なくなり，持続可能な社会をめざす CSR の方針を会社内部から構築することは期待できなくなる[5]。

　ステークホルダー資本主義には，ステークホルダーとの対話を促し，コミュニケーションを深めることで，企業行動に民主的なアプローチを行い，企業の意思決定に好ましい影響を与える積極的側面はあるが，社会環境，自然環境に対して負の影響を及ぼすステークホルダーの存在を是認し，ステークホルダーとの矛盾，対立の関係を軽視したり等閑にしかねない弱点がある[6]。

2−3．CSV（M. E. Porter）理論の意義と限界

　ポーターは，企業を取り巻く社会問題の解決は，企業にとって主要な課題ではなく NPO や政府が取り組むべき周辺の課題であり，大切なことは，社会問題を解決するために多様なステイクホルダー間で形成される共有価値を創造（Creating Shared Value）していくことだ，と主張する。具体的には，健康に配慮した住宅，高齢者の生活補助器具，老後の安全を担保する金融商品，環境負荷を削減する製品などの開発を挙げている。

　バングラディシュで事業を行っているアメリカのベンチャー企業，Waste Concern は，毎日，700 トンの排泄物などをスラム街から回収して有機肥料に転換してそれで穀物を栽培し CO_2 の排出量をも削減している。この事業には，ライオンズクラブや国連開発計画（UNDP）の協力も得ている。その結果，有機農産物とカーボンクレジットの販売によって収益を獲得してい

る。つまり，営利企業と非営利組織との境界が崩れて，共通の利益を獲得することが，社会問題の解決と新市場の創造につながるという。この成功事例に見られるように，社会問題の解決に多様なステイクホルダーが協力し，補助金も受け取って新しいビジネスを創造し，本業において環境貢献，社会貢献に資する製品（サービス）を開発する事業は企業経営の王道でありフェアな成長といえる。

だが，ポーターは，アメリカ経営学と経営戦略論に根強く残る「競争優位」，「利益の最大化」，「利益至上主義」に固執して，CSRからCSVへの転換を主張する。ポーターの論文では，ISO26000とCSR理論の最大の目的である持続可能な経営を担保する7つの中核主題（組織統治，人権，労働慣行，環境，公正な事業慣行，消費者課題，コミュニティへの参画およびコミュニティの発展）について触れず，本業による金儲けの対象としてCSVをCSRから切り離し，企業経営のCSVへの転換を強調する[7]。

ポーターのCSVはCSRプロダクツ（社会配慮型，環境配慮型製品・サービスの総称）と同義であり，CSVに相当する類似の概念もこれまで多様に使用されてきた。フェアトレード製品，エコプロダクツ，ソーシャルプロダクツ，ユニバーサルデザインなどである。トヨタのハイブリッドカーで同社の環境ブランド力を決定的にしたプリウスというエコプロダクツは，ポーター流に言えばCSVであるが，同社のエコプロダクツ開発政策は，CSRの方針と組織，活動と密接に関連している。たとえば，トヨタは，京都議定書の基準年（1990年）から2015年までに同社のCO_2排出量を約45％削減している（トヨタのホームページ参照）。本業におけるエコプロダクツの成功は同社の多様な環境活動の一環として取り組まれた結果である。

ISO26000の7つの中核主題に本業の社会貢献・環境貢献をひとつの主題として追加し組み込むなら，持続可能な成長が期待できる。社会的な課題解決に至るステークホルダーとの協働

や共生関係は，利益の独占ではなくステイクホルダー間の共益，対等な関係が支配的である。競争優位とか利益の極大化を図るというポーター流CSVは20世紀アメリカ経営学が信奉してきた時代錯誤の経営思想である。

ポーターは，経営戦略の反CSR的なエゴイズムの本質に対する反省や点検もなく，CSRに代わるCSVで競争戦略や競争優位を再構築しようとしている。筆者はかつて，経営戦略の本質を次のように指摘した。「経営戦略は第二次世界大戦後に成立した成長と競争優位のための管理手法であるが，視野の狭い経営目標や拝金思想から戦略が使用されると，無制限でエゴイスティックな経営拡大や資本の暴走を招き，地球環境への負荷の増大，共生すべき中小企業の没落，モラルなき人員削減を合理化する手法にもなる。経営戦略を統制するフェアな基準を組織原則の中に組み込む必要がある」[8]。

2-4. CSRにおける企業価値の3つの要因とバランスある経営

図1は，持続可能な企業の成長モデルを図解したものである。2つの台形が底辺をつくって大きな正三角形の土台となっている（図1参照）。土台の左側が自然価値（N: Natural Value），右側が社会価値（S: Social Value），その土台の上にあるのが経済価値（E: Economic Value）である[9]。

Nは，自然生態系などの環境要因からなる価

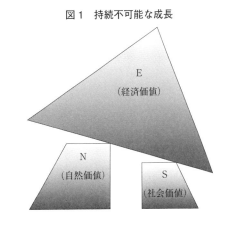

図1　持続不可能な成長

値で，自社が開発した省エネルギー型製品やリサイクル可能な製品などのエコプロダクツや地域に生息する絶滅危惧種の保全活動への協力，廃棄物や有害化学物質の削減，二酸化炭素など温室効果ガスの削減などの環境活動実績が相当する。

Sは，人権を含む社会の維持と安定に関わる価値である。ホームレスを支援するためにTシャツやマグカップを販売し，その売り上げを全額ホームレス支援事業に活用（モンベル）したり，大地震被災者への寄付金を盛り込んで販売される書籍やCD（楽天ブックス）などのソーシャルプロダクツ（社会配慮型製品・サービス）や，人材の調達（障害者や高齢者の雇用も含む）や性差別の解消，共同体の絆，文化的貢献などで自社が取り組んだ社会活動実績が相当する。

エコプロダクツとソーシャルプロダクツが本業での売り上げ，利益に占めるウェイトを高める企業の成長可能性は高い。

図2は，持続可能な成長モデルである。3つのパートは相互に依存している。人間の衣食住に関わる経済活動の物質的な基礎（食料資源や居住のためのクリーンな空気や水，土地など）を提供するのはNである。そのNにSが働きかけて，原材料を調達，加工して商品に転換し，経済的な取引活動が行われる。横向きの矢印は物質とエネルギーの循環を表している。その経済活動の成果（利益と資産）は，Eとなって，いったん貨幣価値に置き換えられる。この貨幣が新しい元手となり自然価値（資源）の獲得や労働者の賃金などに投下される。上下の矢印は貨幣の循環を表している。

NとSは，非財務価値と呼ばれるが，大きな正三角形の中でその合計面積はEより大きい。NとSが大きな面積を占め安定した土台を形成していることが，持続可能な社会の絶対条件である。持続可能な企業になるためには，E, N, Sという3つの価値のバランスある発展を可能にするマネジメント（CSR）が必要となる。

なお，ISO26000は，過去のマネジメント学説のカテゴリーや研究成果を摂取した体系的なマネジメントではあるが，この規格には，社会に対して公約した責任を反故にするようなシビア・アクシデントを引き起こしたり，未曾有の環境災害をもたらした場合の結果責任をどう取るのかについての規定がないので，説明責任をすれば，経営当事者は処分を免れるとする責任逃れの余地を残しているのは大きな瑕疵といえよう。

3. 中小企業CSR経営実態調査結果にみるCSRのビッグウェイブの胎動

3-1. CSRに対する認識・実践で中小企業の取り組みは進んでいる

日本の中小企業のCSRの実態を中小企業CSR実態調査研究会（代表：足立辰雄）が中小

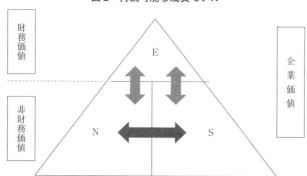

図2　持続可能な成長モデル

企業家同友会全国協議会の協力を得て初めて全国調査したのが2010年である。

その後，大阪府商工会連合会は，中小企業のCSR経営推進の基礎データとするために大阪府下の中小企業を無作為に抽出し，2014年（大阪府商工会連合会会員対象），2015年（大阪府内の商工会議所会員対象）に2回におよぶ実態調査を行った[10]。

合計3回の調査には，全国と大阪府の調査の地理的範囲の違いがあること，調査対象企業の規模に多少の違いはあるが，日本の中小企業を対象にほぼ同じ設問を行っていることから，2010年以降の日本の中小企業のCSRの普及の実態と動向の傾向を知るための一次資料になるだろう。過去3回の中小企業CSR調査結果のうち，基準年となる2010年は全国調査の結果を表し，2014年と2015年は大阪府下の調査結果を表している。グラフの縦軸の数値は，回答項目の当該年の全体に占める割合（％）を示している（図3，図4）。

3回の調査結果から，日本の中小企業では，2010年以降，CSRに対する関心が増加し，経営理念や経営計画にCSRの内容を取り込んで実践する企業が増加していることがわかる。社会と企業とのつながりを強め，経営者と社員とのコミュニケーションを深め，新しい成長を図りたいとする中小企業の積極的な姿勢が認められる[11]。図3のCSRへの理解度では，CSRを「よく知っている」，「まあまあ知っている」の合計は58％（2015年）で過半数を超え，44％（2010年）より増加している。他方，「あまり知らない」，「知らない」の合計では，56％（2010年）から42％（2015年）へ減少している。

図4のCSR全般への取り組み状況では，「十分行えている」，「だいたい行えている」の合計が36％（2010年）から74％（2015年）へ増加している。反面，「あまり行えていない」，「全く行えていない」の合計が64％（2010年）から24％（2015年）へ急減している。この事実から，中小企業がCSRに無関心であるとか，実行段階にないという「常識」は過去のものであり，CSR経営の担い手が大企業だけでなく中小企業にも本格的に移行しつつあると言えよう。

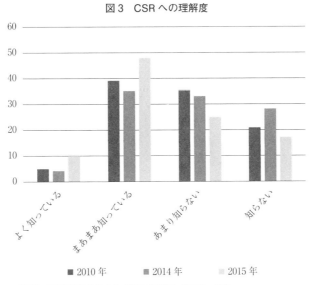

図3　CSRへの理解度

（出所）大阪府商工会連合会『CSR事例集』2017年，7頁。

図4 CSR全般への取り組みの状況

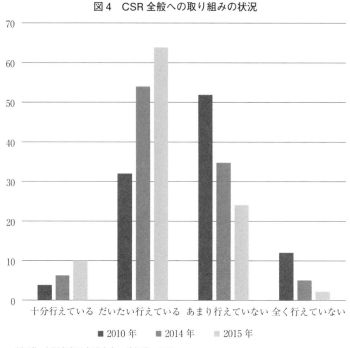

(出所) 大阪府商工会連合会, 前掲書, 8頁。

3-2. CSR経営の実践段階にある企業はインフラ対策の質的充実を求めている

「図5 CSRの取り組みに対する必要な支援策(3つまで選択可能)」について調査したところ, 2010年度は, 1位が「CSRについての講演・勉強会」, 2位が「さまざまな取り組みを行うと利用できる減税措置」, 第3位は「さまざまな取り組みに対する補助金」であった。

4. CSR経営の普及の条件と展望

最後に, 持続可能な成長へのマネジメントツ

図5 CSRの取り組みに対する必要な支援策

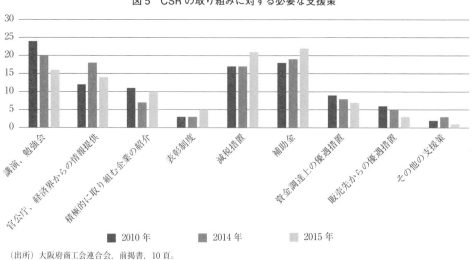

(出所) 大阪府商工会連合会, 前掲書, 10頁。

ールとされている CSR 経営が日本で普及し日本企業の成長に役立たせるうえで，いくつかの課題を提起する。

4－1. 日本的 CSR を創造，探求する

日本には，創業 100 年，200 年を超える老舗(長寿企業) が多数存在し，一過性の成長や暴利を求める無節操な欲望（動機）を自制して持続的に何世代にも経営を受け継いでいく伝統的な企業が多数存在しており，またその社風を尊ぶ経営風土も残されている。近江商人を中心とする三方良しや儒教に由来する陰徳陽報，先義後利などの経営哲学（商道）の根本的な考えには，CSR が理想とする「社会と会社の持続的な発展のために経営を行う」思想に共通するものが多く含まれている。

この日本的商道に情報の公開と CSR プロダクツの開発，地球環境問題への責任ある対策を組み込めば，日本的 CSR の枠組みはほぼ完結する。EU を中心に海外で開発された CSR を日本社会にそのまま持ち込んでも中小企業を含む多くの企業の理解は得られないだろう。ISO26000 の原典にあるように法律用語が多用されている条文を経営課題に追われる中小企業の経営者や従業員に読んでもらうことは非常に困難である。また，日本社会と日本経済には，封建時代から培われた経済活動に対する倫理的な社是，社訓などが残されている。その経営理念と日本的商道の精神を踏まえて，ISO26000 が求めている課題を現代風にアレンジすることが大切である。海外のマネジメントツールとはいえ，その大切な問題提起と取り組みの方策について，日本企業として十分に咀嚼して，自分のものにする主体的な取り組みが求められている[11]。

この日本的 CSR の理論とマネジメントの手法をコンパクトなマニュアルやアニメ，楽しい読み物，DVD などにして，大企業，中小企業に普及啓発すれば，CSR の爆発的な普及が期待できるだろう。

4－2. 持続可能な成長への国，自治体，経済界の連携システムの構築

経済産業省，中小企業庁は，CSR プロダクツの開発を核に，公正な行動基準から持続的な企業成長をもたらすマネジメント・ツールとして CSR を認識し，CSR 経営の普及，CSR プロダクツの開発，CSR の啓発，CSR 活動への助成，CSR 経営表彰事業を経済政策の中軸に位置づけて推進すべきであろう。

英国（2000 年）では，貿易産業省の閣外に CSR 担当大臣が置かれ，コミュニティー投資への減税や CSR 普及に当たっている。フランス（2001 年）では，CSR 担当大臣が分野ごとに担われ，社会環境活動の実績をアニュアル・レポートの中に掲載することを企業に義務づけている。ドイツ（2006 年）では，労働社会省が CSR を担当し EMAS の普及，環境配慮型中小企業への財政支援や年金の運用受託者に CSR にもとづく基本方針の公開を義務づけている[12]。

地方の自治体を核に，産業界，NPO，教育機関，研究機関などが CSR フォーラムを形成して，情報交換し，CSR の教育・啓発・情報交換，CSR プロダクツの共同研究開発，CSR 経営表彰事業などを誘導することも有効である。

4－3. CSR プロダクツ（CSV）の開発を CSR 経営のひとつの主題に位置づける

企業の本業である製品やサービスの使用段階で，自然環境への負荷を削減したり社会環境の改善に貢献する取り組みは，本業から得られる収益の公正性を高める。この CSR プロダクツ（または CSV）の売り上げ比率を高めることで，収益性の改善と持続可能な成長が期待できる。その際，ISO26000 では本業の CSR プロダクツ化について触れていないので，現行の 7 つの主題に CSR プロダクツの開発という主題を加えて，8 つの主題として取り組むことが有効であろう。そういう観点からは，CSV は，広義の CSR の一つの主題として位置付けて取り組む

ことである。

4-4. 独創性と収益性の高い CSR プロダクツ市場を創造し短時間で業務を達成する仕組みを作る

　2014 年の OECD の調査によれば，日本人一時間当たりの国内総生産（GDP）は，4,349 円で，34 カ国中，第 21 位で，主要先進国 7 カ国では，第 7 位で最下位である。この事実と長時間労働は密接な関係にあり，ブラック企業を生み出す日本企業の人の使い方（マネジメント）の後進性を示している。従業員を会社に拘束する時間を削減し，健康的な労働生活を確保したうえで，知的な労働のウェイトを高め，新製品開発のアイディアや生産性を高める改善策や提案活動を活性化させ，従業員一人当たりの提案件数を年々高めるなら，未来工業のように年休 140 日も夢ではないのである。

4-5. CSR の観点から経営理念と商品価値を見直し，結果責任を取る

　消費者のニーズや顧客の動向は日進月歩で変化している。CSR は持続可能な成長を可能にするマネジメントなので，自社の経営理念やポリシーだけでなく市場に提供している商品の価値も本当に社会のために役立っているのかを自己点検し，CSR 経営に必要と判断すれば，経営理念や商品構成も大胆に変革しなければならない。京都の老舗のお茶屋の店主は，「伝統というのは革新です」と述べているように，残すものは残し改革するものは改革するという決断が大切である。また，原発事故を起こした東京電力の事例に見られるように，CSR の目標や体制，実績を吹聴しながら，企業の過失により重大な災害を引き起こしたり，自然生態系へのダメージを与えたときには，当事者である経営トップが潔く結果責任をとるべきである。責任ある目標や方針を提示しながら，責任逃れをする企業に CSR を語る資格はない。

（1）足立辰雄「CSR から東京電力の社会的責任を考える～福島原発事故とコーポレートガバナンスの実態～」日本比較経営学会編『原発問題と市民社会の論理』（比較経営研究第 41 号），文理閣，2017 年 6 月，5～31 頁，参照。

（2）足立辰雄編著『サステナビリティと中小企業』同友館，2013 年 3 月，第 1 部 3～82 頁，参照。

（3）Freeman, E., Martin, K., Parmer, B., Stakeholder Capitalism, *Journal of Business Ethics*, 2007, pp.311-312, Freeman, E., Stakeholder Management: Framework and Philosophy, edited by Andrew Crane and Dirk Matten, *Corporate Social Responsibility*, Vol.2, pp.267-299, 足立辰雄編著『サステナビリティと中小企業』同友館，2013 年，16～20 頁。

（4）日本規格協会編『ISO26000：社会的責任に関する手引き』日本規格協会，2011 年，49，61 頁。

（5）『朝日新聞デジタル』2017 年 6 月 28 日。足立辰雄「CSR から東京電力の社会的責任を考える～福島原発事故とコーポレートガバナンスの実態～」日本比較経営学会編『原発問題と市民社会の論理』（比較経営研究第 41 号），文理閣，2017 年 6 月，5～34 頁，参照。

（6）足立辰雄・田中裕久・浜之こうし『マンガでやさしくわかる CSR』日本能率協会マネジメントセンター，2017 年，108～109 頁。

（7）M. E. Porter and M. R. Kramer, Creating Shared Value, *Harvard Business Review*, January-Feburary, 2011. M. E. Porter and M. R. Kramer, Strategy & Society: The Link between Competetive Advantage and Corporate Social Responsibility, *Harvard Business Review*, December 2006, pp.78-92.

（8）足立辰雄『現代経営戦略論～環境と共生から見直す～』八千代出版社，2002 年，11 頁。

（9）足立辰雄「CSR 経営研究の方法」足立辰雄・井上千一編著『CSR 経営の理論と実際』中央経済社，2009 年，17～21 頁。

（10）大阪府商工会連合会『2014 年度大阪府中小企業 CSR 実態調査結果（中間報告）』，同『2015 年度大阪府中小企業 CSR 実態調査結果（中間報告）』。

（11）大阪府商工会連合会『地域から信頼される企業をめざして CSR 事例集』2017 年 3 月，6～12 頁。

（12）Francesco Perrini, Stefano Pogutz and Antonio Tencati, *Developing Corporate Social Responsibility, A European Perspective*, 2006, pp.34-53, 足立辰雄編著『サステナビリティと中小企業』同友館，2013 年 3 月，10～16 頁。

＜参考文献＞

Freeman, E., Martin, K. and Parmer, B. (2007) Stakeholder Capitalism, *Journal of Business Ethics*, 74 (4), 303-314.

Freeman, E. (2007) Stakeholder Management: Framework and Philosophy, (eds, Crane, A. and D. Matten), *Corporate Social Responsibility,* Vol.2, SAGE Publications.

Friedman, Milton (1970) The Social Responsibility of Business is to Increase Its Profits, *New York Times Magazine*, September 1970.

ISO/TMB Working Group (2010) *ISO26000: Guidance on Social Responsibility,* ISO copyright office.

Perrini, Franceco, Stefano Pogutz and Antonio Tencati (2006) *Developing Corporate Social responsibility: A European Perspective,* Edward Elger Publishing.

Porter, Michael E. and Mark R. Kramer (2006) Strategy & Society: The Link between Competetive Advantage and Corporate Social Responsibility, *Harvard Business Review*, December 2006.

――――and Mark R. Kramer (2011) Creating Shared Value, *Harvard Business Review*, January to February 2011.

足立辰雄 (2002)『現代経営戦略論～環境と共生から見直す～』八千代出版社。

――――(2009)「CSR 経営研究の方法」足立辰雄・井上千一編著『CSR 経営の理論と実際』中央経済社。

――――編著 (2013)『サステナビリティと中小企業』同友館。

――――(2017)「CSR から東京電力の社会的責任を考える～福島原発事故とコーポレートガバナンスの実態～」日本比較経営学会編『原発問題と市民社会の論理』(比較経営研究第 41 号)，文理閣。

――――・田中裕久・浜之こうし (2017)『マンガでやさしくわかる CSR』日本能率協会マネジメントセンター。

大阪府商工会連合会 (2014)『2014 年度大阪府中小企業 CSR 実態調査結果 (中間報告)』。

――――(2015)『2015 年度大阪府中小企業 CSR 実態調査結果 (中間報告)』。

――――(2017)『地域から信頼される企業をめざして CSR 事例集』大阪府商工会連合会。

日本規格協会編 (2011)『ISO26000：社会的責任に関する手引き』日本規格協会。

「効率性」による「公共性」包摂としての CSR 経営とその限界
——企業不祥事に関連して——

国士舘大学　桜　井　　徹

【キーワード】企業の社会的責任（CSR），企業不祥事（corporate scandal），公共性（publicness），効率性（efficiency），法令遵守（compliance）

1. 課題と分析視点

　本報告の課題は，CSR を「効率性」による「公共性」の包摂と把握し，その限界を企業不祥事との関連で分析することにある。

　EU 委員会は 2011 年に発表した文書（EC, 2011）において，CSR を「企業の社会へのインパクトに対する企業の責任」と定義し，「CSR に十分に対処するために，企業はステークホルダーと緊密に協働して，社会的，環境的，倫理的，人権および消費者の諸課題を事業活動と中核戦略の中に適切に統合しなければならない」とした。その目的として，「所有者／株主とその他のステークホルダーや社会全体の共有価値（shared value）を最大化すること」と「企業の起こりうる有害なインパクトを認識し，防止し，そして軽減すること」（EC 2011, p.6）をあげた。「有害なインパクト」が企業不祥事である。

　換言すれば，CSR は，「社会的，環境的，倫理的，人権および消費者の諸課題」という「公共性」を，「企業の事業活動や経営戦略」という「効率性」の「中に統合する」ことである。本報告では，このことを「効率性」による「公共性」の包摂とよんでいる。

　それでは，CSR が十分であれば，企業不祥事は防止できるか。そうした側面は否定し得ない。だが，CSR 評価が高いとされた企業が，企業不祥事を発生させている例は多数に上っている。このことは，「包摂」としての CSR に限界があることを示しているのではないか。

　本報告は，この問題を「公共性」と「効率性」の概念に内包する対立性とその組み合わせに着目することによって把握しようとした。その意義を先行研究との関連で述べれば次の 2 点である。

2. 論点の整理

　一つの論点は，CSR 活動における「公共性」と「効率性」の関係である。EU 委員会が CSR の目的の一つとしてあげた「共有価値最大化」における「企業の所有者／投資家」の価値とステークホルダー」の価値の関係である。わが国では，企業目的を営利性とみる立場（加賀田 2008）からは両者の対立性が，多目的とみる立場（藤田 2010）からは一時的には対立するが長期的には一致するという見解が提出されている。どちらの立場をとるにせよ，そもそも「公共性」と「効率性」の各概念の内容を明確にすること，とりわけその歴史的変化を分析することが必要である。

　もう一つの論点は，CSR に法令遵守を含めるか否かである。法令遵守を含めないとする見解は CSR を企業の自発的な活動と把握しているからである。しかしながら，自発的な活動と

把握する論者（森本 1994）でも法令遵守をCSR に含めており，企業不祥事の多くは法令違反の問題でもあることを考慮すると，CSRと政府規制，さらには市民規制との関係を問うことが必要である。上記の EU 委員会の文書でも「適用される法規や社会パートナー間の集団的合意の尊重は責任に対処する前提条件である」（EC 2011, p.6）と述べられている。このことは，EU の 2001 年の CSR 定義に含まれていた自発性の語句が 2011 年の EU の定義では使用されなくなったこと（田中 2017）や，自発的CSR の限界と義務的 CSR の重要性が指摘されていること（Mares 2010）と無関係ではない。

3. 分析の順序と内容

分析は，① CSR 登場前の古典的段階における「公共性」と「効率性」，②現代 CSR における「公共性」と「効率性」，③企業不祥事における「公共性」と「効率性」の順序で行った。

①では，アダム・スミスの「公共性」は市場的公共性，国家的公共性および市民的公共性に，「効率性」も経済的効率性と物的効率性に区別されて使用されていること，ケインズ（1926）では今日で言う外部不経済のゆえに国家的公共性が重視されたこと，そして，ケインズ（1926）と山城（1966）では「効率性」は株主の利益追求＝後述の資本効率性ではなく，物的効率性＝生産性や収益性にあったこと，が分析された。

②では，「公共性」と「効率性」はおのおの二つの方向に変化することを分析した。「公共性」は，地球的規模や国内での大規模な企業不祥事によって（Doane 2005），市民的公共性の国際的規模での拡大と国家的公共性の部分的拡大（P_1）が見られる一方，民営化・規制緩和により国家的公共性は後退する（P_2）。「効率性」も，ステークホルダー論に対応する社会的効率性（E_1）と株主主権論に対応する資本的効率性（＝ROE, E_2）に分化する。その組み合わせは 4 つである。この点から EU の CSR は E_1 による P_2

の包摂であるといえるが，その後の CSR 報告書の開示義務（EP and the Council 2014）を見ると，E_1 と P_1 の，包摂ではなく結合の方向に向かいつつあると思われる。

③では，公益企業の代表的不祥事である2005 年の JR 西日本福知山線脱線事故および2011 年の東京電力福島第一原子力発電所事故の背景に，E_2 による P_2 の包摂，すなわち，資本的効率性による後退した国家的公共性の包摂があったことを分析した。

4. 結　　論

「公共性」と「効率性」の 4 つの組み合わせからすると，今日の日本では資本的効率性による後退した国家的公共性の包摂が進行しており，それは企業不祥事発生の背景をなしているのである。社会的効率性と拡大された市民的公共性・国家的公共性の結合が必要である。義務的 CSR はそうした方向の一つである。

＜参考文献＞

Doane, Deborah（2005）The Myth of CSR: The problem with assuming that companies can do well while also doing good is that markets don't really work that way, *Stanford Social Innovation Review*, pp.23-29.

EC（2001）Green Paper: Promoting a European Framework for Corporate Social Responsibility, COM (2001) 366 final.

——（2011）A renewed EU strategy 2011-14 for Corporate Social Responsibility, COM (2011) 681 final.

EP and the Council（2014）Directive2014/95/EU of the European Parliament and of the Council of 22 October 2014 amending Directive 2013/34/EU as regards disclosure of non-financial and diversity information by certain large undertakings and groups.

Keynes, John M.［1972（1926）］*The End of Laissez-faire, Essays in Persuasion*, Macmillan St. Martin's Press.（宮崎義一訳（1971）「自由放任の終焉」『世界の名著ケインズ・ハロッド』中央公論社）

Mares, Radu（2010）Global Corporate Social Responsibility, Human Rights and Law: An Interactive

Regulatory Perspective on the Voluntary-Mandatory Dichotomy, *Transnational Legal Theory*, 1 (2), pp.221-285.

加賀田和弘（2008）「CSRと経営戦略—CSRと企業業績に関する実証分析から—」『Journal of Policy Studies』No.30, pp.37-57。

桜井徹（2016）「企業不祥事とコーポレート・ガバナンス—福島第一原子力発電所事故と東京電力—」『商学集志』86巻2号, pp.73-101。

———（2018）「企業不祥事分析とCSR批判—福知山線列車事故と福島原発事故における『効率性』と『公共性』—」『同志社商学』69巻5号, pp.65-85。

田中信弘（2017）「ソフトローとしてのCSR国際規格の有効性に関する分析フレームワーク試論—CDPによるエンフォースメントとエンゲージメントの検討—」『日本経営倫理学会誌』24号, pp.99-109。

藤田誠（2010）「企業価値と経営戦略—社会性と企業の存続—」『経営学論集』80集, pp.5-16。

森本三男（1994）『企業社会責任の経営学的研究』白桃書房。

山城章（1966）『経営学原理』白桃書房。

「社会的器官」としての企業の CSR

長崎県立大学　三戸　　浩

【キーワード】公共性と効率性（publicness & efficiency），社会的器官（social organ），CSR（Corporate Social Responsibility），CSV（Creative Shared Value），コーポレート・ガバナンス（corporate governance）

【要約】CSR 活動を考慮した経営・企業活動は当然のものとなってきている。また同時に，バブル崩壊後の日本経済が復調せず，「資本主義の行き詰まり」が世界的に見られるようになり，新しい成長分野，新しい事業が要請されている。そのような背景の中で CSV が生まれてきたと理解できよう。CSR（社会的課題）と利潤獲得，すなわち「公共性と効率性」の関係は，相反するものではなくなり，企業は積極的に CSR をわが責務として受け入れ，実行してゆくことが当然となる。「公共性」を「私企業」が担うという動向は，公企業の民営化，そして social enterprise や social business などさまざまな領域で見受けられるようになっている。現代社会を健康に維持・繁栄させる役割・機能を持つ「社会的器官」となった現代大企業の目的が CSR であるとするなら，その「社会性（公共性）」をチェック＆コントロールするのがコーポレート・ガバナンス，「組織存続＝効率性」を担うのがマネジメントであり，両者相まって企業は社会的器官として維持発展が可能になるであろう。

1. はじめに

なぜ，「公共性と効率性のマネジメントからみた CSR」というテーマが設定されたのか。

サブテーマ 1.「医療・福祉組織のマネジメント」，2.「ソーシャルビジネスのマネジメント」とならんで，3.「公共性と効率性のマネジメントからみた CSR」があるということから，

・「営利性・効率性と公共性・公益性」というこれまで相反すると一般的には考えられてきたが，この関係を問い直そう。

・「企業が社会的責任」を負っているという考えは，もはや当然のものとなったが，その CSR をマネジメント（企業の経済活動）＝効率性との関連性において考えたい。

・「公共的・公益的性格の非営利組織（医療・福祉組織）」も「社会的（公共的）課題を事業目的とするソーシャルビジネス」のマネジメント

が重要であり，その内容を問おう[1]。という背景・意図のもとに設定されたと理解し，その問題意識に対する筆者の考えを述べてみたい。

2. CSR の変容

企業に社会的責任 Corporate Social Responsibility（以下，CSR）が求められるようになって半世紀以上が経つが，今なお，議論は尽きず，新しい研究が次々に出てきている。だが，その内容は明らかに変化してきている。

《日本における CSR の時代区分》

・起点（1956 年）：経済同友会の CSR 決議

・第 I 期（1960 年代）

産業公害に対する企業不信・企業性悪説 ⇒ 住民運動の活発化，現場での個別対応

・第 II 期（1970 年代）

石油ショック後の企業の利益至上主義批判

⇒企業の公害部新設，利益還元の財団設立

・第Ⅲ期（1980年代）

　カネ余りとバブル拡大，地価高騰 ⇒企業市民としてのフィランソロピー，メセナ

・第Ⅳ期（1990年代）

　バブル崩壊と企業倫理問題，地球環境問題 ⇒経団連憲章の策定，地球環境部の設置

・第Ⅴ期（2000年代）

　相次ぐ企業不祥事，ステークホルダーの台頭 ⇒ SRIファンドの登場，CSR組織の創設 ⇒ 2003年は「CSR経営元年」

（出典：ニッセイ基礎研究所「日本におけるCSRの系譜と現状」）

CSRの歴史を振り返ると，第Ⅰ期（1960年代）は，人体に致命的なほどのダメージを与えたり，生態系を破壊する汚染され有害な物質や騒音などの排出という，企業（活動）の「（負の）随伴的結果」に対する責任を問うものであった。続く第Ⅱ期（1970年代）以降は，オイル・ショックによる物不足・価格高騰に便乗した買占め・売り惜しみといった反社会的活動により，企業の社会的責任CSRが重大な社会問題として問われたものであった。企業の「利益獲得のあり方」と「獲得した利益の使い方」，言うなれば「企業の利潤追求活動」に対する「正当性」を問うものと理解できるであろう。そして，1980年代（第Ⅲ期）からは，"Japan as No.1" と言われ，GDP世界第二位の豊かさを獲得した時代の「企業の社会的責任」は，獲得した利益を広く社会に還元せよという声に応じた「企業の社会的貢献」がその内容となってきた。だが，バブル崩壊後は浮ついたメセナ・フィランソロピーに投ずる余裕がなくなると同時に，第Ⅰ期と同じような企業（活動）の「（負の）随伴的結果」に対する責任が問われるようになった。第Ⅰ期では，地域の生態系や健康・人命に関わるものであったが，この時期では，地球温暖化・オゾンホールのように地球全体に対するものに拡大し，「サステナビィリティ」という言葉がCSRとセッ

トに使われるようになってきた。すなわち，「利潤追求」の仕方を社会と自然に調和させよ，および「獲得した利潤」を社会のために用いよ，という2つの内容を持つようになった。地球―サステナビィリティ，社会―ステークホルダーに配慮した企業活動（フェア・トレード，BOPビジネスなど）が要請されるに至り，また働き方改革が求められ，労働時間の見直し，家庭・育児と仕事の両立，女性の戦力化などが重要な経営課題となってきているのである。

3. 多様化しているCSRの内容

第Ⅰ期から数えると半世紀を超える歳月の中で，CSRの内容は拡大・多様化している。以下のような領域・項目に整理することができよう。

・生産や生活に必要な財・サービスの適価で安定的な供給

・雇用の安定・拡大

・労働者の能力を発揮させ，成長・満足させる

・労働時間と家庭・地域・社会に関わる時間のバランスに対する配慮

・出資者（年金・保険など）への利益の還元

・福祉・医療・教育・治安など社会的サービスの原資の獲得・提供

・企業市民活動，社会的貢献（フィランソロピーなど）

・自然・生態系を破壊しない活動

・人類全体の経済・福祉や地球の保全のためのフェアトレード，BOPビジネスなど

別言すると，国家・地域，性別，貧富，時間を超えて全ステークホルダーに配慮した企業のあり方，経営が求められるようになってきたと言えよう。

企業の評価も，売上高や利益といった金銭的なものだけではなくCSRの観点から "良い" 会社」とされるようになってきていよう。一例として『東洋経済CSR総覧』のtop10を見て

みよう。

　1位　富士フイルム・ホールディングス
　2位　ブリヂストン
　3位　KDDI
　4位　コマツ
　5位　NTT ドコモ
　5位　キヤノン
　7位　富士ゼロックス
　8位　リコー
　9位　デンソー
　9位　花王
（出所：『東洋経済 CSR 総覧』2017 年）

　その評価項目は，以下の4領域にまたがっている。

・雇用・人材活用（女性社員比率，女性管理職比率，障碍者雇用率，残業時間，介護休暇取得者など42項目）
・環境（環境担当部署・役員，環境会計，環境監査，ISO14001，グリーン購入体制など28項目）
・企業統治（CSR 担当部署・役員，内部告発窓口設置，プライベート・ポリシー，倫理行動規定・マニュアルなど37項目）
・社会性（消費者対応部署，社会貢献対応部署，社会貢献活動支出額，NPO・NGO との連携，ISO9000S，地域社会参加活動，教育・学術支援活動，文化・芸術・スポーツ支援活動，国際交流活動，ボランティア休暇など29項目）
・財務（収益性，安全性，規模の3分野，合計15項目）

　上で述べたようにCSRは多様な領域で期待・要求されており，財務的業績が要求されるだけでなく，企業活動全般にわたって，評価されるようになっているのである。

4. CSV（Creative Shared Value 共有価値創造）の登場

　だが，近年，それらのCSRを「受け身・守りのCSR」と呼び，古い・駄目だと言う声さ

え（一部とは言え）聞かれるようになり，代わって「攻めの CSR，戦略的 CSR」として CSV（Creative Shared Value：共有価値創造）が「もてはやされる」ようになってきている。

《Change The World 2016 リスト》
　1. グラクソ・スミスクライン（医薬品）（英国）
　2. IDE テクノロジーズ（産業用機械）（イスラエル）
　3. GE（産業用機械）（米国）
　4. ギリアド・サイエンシズ（医薬品）（米国）
　5. ネスレ（食品・消費財）（スイス）
　6. ナイキ（アパレル）（米国）
　7. マスターカード（金融）（米国）
　8. ユナイテッド・テクノロジーズ（航空宇宙・防衛）（米国）
　9. ノボザイムズ（特殊化学薬品）（デンマーク）
　10. ファースト・ソーラー（エネルギー）（米国）
（※）日本企業では，18位 伊藤園，39位 パナソニック
　　対象企業は年間売上10億米ドル以上の企業。ランキング手法として，（1）企業が生み出したソーシャルインパクト，（2）ソーシャルインパクトが企業自身にもたらした成果，（3）イノベーションの3つの観点で実施
（"Fortune" 2016.8.22，http://fortune.com/change-the-world/list）

　CSV は，従来の CSR を否定するものではなく，まず基層にコンプライアンスが，その上にサステナビリティが，最上部に共通価値の創造を置く。そして，M. ポーターや日本の「追随者」は，従来の「慈善型 CSR（社会的貢献）」を「否定」しているようである。それどころか，これまでの CSR を「任意・外圧による」とし，それを「守り・受け身」の CSR と呼び，否定する論調がある。だが，「責任」とは「自らの言動に対する"応答"」であり，「主体的」に引き受けるものではなかろうか？

　なぜ，このような変化が生じてきたのだろうか。なぜ，日本の大企業・ビジネスマンたちが

表 1 CSR と CSV の違い

CSR Corporate Social Responsibility	⇒	CSV Creating Shared Value
▶価値は「善行」		▶価値はコストと比較した経済的便益と社会的便益
▶シチズンシップ，フィランソロピー，持続可能性		▶企業と地域社会が共同で価値を創出
▶任意，あるいは外圧によって		▶競争に不可欠
▶利益の最大化とは別物		▶利益の最大化に不可欠
▶テーマは，外部の報告書や個人の嗜好によって決まる		▶テーマは企業ごとに異なり，内発的である
▶企業の業績や CSR 予算の制限を受ける		▶企業の予算全体を再編成する
▶たとえば，フェア・トレードで購入する		▶たとえば，調達方法を変えることで品質と収穫量を向上させる

> いずれの場合も，法律および倫理基準の遵守と，企業活動からの害悪の削減が想定される

(出所) マイケル・E・ポーター，マーク・R・クラマー，『共通価値の戦略』，DIAMOND ハーバード・ビジネス・レビュー，2011 年 6 月号。

一部とは言え CSR を「守り」とし，CSV に飛びつくのであろうか。

・CSR が当たり前となり，多くの企業が CSR を考慮した経営・企業活動をするようになった（新しくない）。

・CSR を「コンプライアンス」と「ビジネス・エシックス」として考えられている。

　このような，CSR そのものの変化もあるだろうが，またそれ以上に，企業活動，経済状況の変化も大きいと思われる。

・バブル崩壊後の日本経済が復調せず，また「(勝利したはずの)資本主義の"終焉"，行き詰まり」が世界的に見られるようになってきている（贅沢は言えない）。

・新しい成長分野，新しい事業，イノベーションが要請されている。

5. CSR に対する批判・反論を問い直す

　企業の社会的責任 CSR という言葉が言われ，求められ始めた頃に，CSR に対する批判反論があった。まとめてみると，以下のようになろう。

(1) 株式会社の観点からの反論

　①企業は法制度的に所有者・株主のものであり，利益は所有者・株主に帰属する。その利益を経営者が勝手に他の用途に使用することは許されない。

　②経営者は経営のプロであり，経営以外の領域に関しては他の専門家に委ねるべきである。

(2) 自由経済の観点からの批判

　①社会的責任として要求されている公益活動は，本来政府などの公的機関が行うべきものであり，企業がその公益活動を行えば，政府・国家権力の介入を招き，企業の自由

な活動が拘束されかねない。

　②無料で享受できると思えても，社会貢献活動の費用は結局価格に転嫁される。それは市場メカニズムを阻害し，消費者に不利益を与えることになる。

　③寄付などの個人の価値観に関することは，あくまで個人でなされるべきであり，経営者が恣意的に寄付の対象を選定することは，企業による文化・教育・福祉などの支配につながりかねない。

　これらの批判・反論に関して十分な議論はなされなかったのではないだろうか。批判・反論に応えぬまま，社会・企業はCSRを当たり前のものと考え，実施してきた。だが，これらの反論に応えぬまま，企業の社会的責任⇒社会的貢献・企業市民⇒CSVと進めてきてよかったのであろうか。

　この半世紀の間に生まれ，育ってきた「企業と社会論」において，CSRと並んでコーポレート・ガバナンス論があるが，そこにおける「最大の問題」は「（株式）会社は誰のものか？誰のためにあるのか？」であろう。この問いはCSRに対する批判・反論の（1）①「企業は法制度的に所有者・株主のもの」と同じであり，企業とCSRの関係は企業とステークホルダーの関係に近似する。つまり，企業存続のためにはCSRを忘れてはならず，株主利益のためにはステークホルダーに配慮しなければならない，という図式である。企業・株主・利益が目的でCSR・ステークホルダーが手段である，という考え方である。「（株式）会社は株主のものである」としたら，CSRに対する反論（1）①に対して，CSRを当然とするものは答える必要があるのではないだろうか。

　「（株式）会社は所有者・株主のものである」という考えがバブル崩壊後，急速に大きく，増えてきたが，それによりCSRに対する批判・懐疑が生まれてきたようには思えない。「株主のもの」を認めるのであれば，CSRは否定されるか，もしくはCSRが「利潤追求に寄与する」

ことを証明する必要があるのではないだろうか。CSRは当然とする一方で，（株式）会社は株主のものを認めているのは「企業と社会論」における大きなネジレ・矛盾と言えるであろう。

6. 企業の役割と性格の変容
　　〜構造的要因

　企業（会社）は誰のものか，という問に多くの文字数を費やすことはできないが，簡単に論じたい。

　「（近代株式）会社が"株主のもの"ではなくなっている」ことを大部の書作でバーリ&ミーンズは論じた。近代株式会社は準公的会社にその性格を変容させており，株主は"流動性"の獲得と引き換えに"会社支配力"を手離したため，「もはや近代大企業は"所有者の私的致富手段"ではなくなった」と論じた。現実に，会社が株主のものではなくなったことを証明する出来事がある。リーマン・ショックの時に米国自動車big 3が経営破綻した時に，（アメリカでも）政府が公的資金（税金）で救ったのである。日本でもどれだけの私企業（大企業に限るが）が公的資金（税金）で助けられたであろうか。会社が「私有財産」であるなら，全く筋が通るまい。現代大企業が「社会的器官（準公的会社）」となり，社会を健康に維持・発展させていく役割・機能を有するようになったからこそ，「公的資金で救済」することが当然のこととして，議論なしで行われ，受け入れられているのである。

　「（大）企業が社会的器官」となったとすれば，企業の目的は「利潤追求」でも「維持（顧客の創造）」でもなく，「社会の健康な維持発展」であり，それは「社会・ステークホルダーのための活動」すなわち「CSR（社会から要請・期待された役割を果たす責任）」と考えることができよう。図式化すれば，以下の様になろう。

　CSR ← 顧客の創造 ← 利潤（利益）の獲得

7. 公共性とコーポレート・ガバナンス，効率性とマネジメント

　以上のように考えてきたとき，CSR と利潤（利益）獲得は相反するものではなくなり，企業は積極的にCSRをわが責務として受け入れ，実行してゆくことが当然となる。近年，CSR ランキングが「良い会社」ランキングとして評価されたりするようになってきているのである。

　企業が「所有者・出資者の私的致富手段」や「従業員共同体」であれば，CSR は「手段」であろうが，「社会的器官」であれば「目的」となろう。P. F. ドラッカーが言うように，現代大企業は「維持存続（発展）」が何より要請される。マネジメントは「企業の維持存続（発展）」をそのファンクションとするものであり，言い換えれば「組織を環境適応させ維持存続（発展）」を図るものであろう。そのマネジメントにおいて重要なことは「効率性（生産性）」ではなかろうか[2]。赤字を出さない，「顧客の創造」をして「未来費用を獲得する」ことこそマネジメントであろう。

　だが，マネジメント＝組織の環境適応だけで良いであろうか。「企業は誰のため・何のためにあるのか？」そして「そのために適切なマネジメントが行われているか？」というコーポレート・ガバナンス[3]の観点が必要であり，現代大企業が「社会的器官」という性格を持っているとするなら，「公共性[4]（社会性）」の観点からのマネジメントのチェックが不可欠ではなかろうか。

8. むすびにかえて "CSR から CSV へ" をどう理解するか

　CSR 企業の社会的責任こそが社会的器官となった現代大企業の目的であるとするなら，その「社会性（公共性）」をチェック＆コントロールするのがコーポレート・ガバナンス，「組織存続＝効率性」を担うのがマネジメントであり，両者相まって企業は社会的器官として維持発展が可能になろう，と論じてきた。

　だが，「公共性と効率性」の関係はCSV によって新しい局面を迎えたと理解することも可能ではないだろうか。近年「CSR に替えて」と言われるCSV は「経済的価値を創出しながら，社会的ニーズに対応することで社会的価値も創出するというアプローチ」であり，これまでの「企業の利益と公共の利益はトレード・オフである」，「低コストを追求することが利益の最大化につながる」という考え方にとって代わろうとするものである。

　このような動向はsocial enterprise 社会的企業や social business にも見られよう。これまで行政が担っていた社会的課題を事業化し企業活動の目的とするものである。「公共性」を「私企業」が担うという流れは，国鉄・郵政などの民営化などと軌を一にしていよう[5]。

　公企業・行政の「非効率性」はその「公共性（公益性）」をも損なうことが誰の目にも明らかになり，同時に私企業（大企業）が「公共性（社会性）」を持つことを人々が認識しだすことがなければ，「公企業の民営化」はおこらなかったのではないだろうか。現代大企業が「効率性」で公企業・行政を凌駕するだけでなく，「公共性（社会性）」をも有するようになったということがCSR を「企業目的，企業の存在意義」とするようになったと解釈できないだろうか（CSR が「事業目的」になったわけではない）。社会（≒ステークホルダー）のために企業が存在する社会となれば，「公共性」のために「効率性」は必要欠くべからざるものとなるであろう。

　「CSR から CSV へ」という流れもまた，企業自らの存続のための事業機会の創造・事業環境の整備が直接的動機であったとしても，企業が行政の担当分野である「公共的（公益的）領域」に「進出」しようとする「正当性」が認められ，「公共的」課題をマネジメント（効率性）の対象とすることである。すなわち，「公共性と効

率性（収益性）は相反する，両立が難しい」，「企業は経済的機能（効率性）を追求するものであり，公共性（公益性）を目的とするものではない」という考え方から，「公共性のための効率性」，「企業のための公共性（公益性）」という「公共性と効率性の統合」が生まれてきていると解釈できるであろう。

しかし，現代大企業といえども「私企業」である。自己の維持発展のために「公共性」を損なう可能性は十分考えられよう。「CSRからCSVへ」という考え方は「企業の"社会的"責任を負っている」という考え方を希薄化する惧れがある。

その可能性を小さくし，「公共性と効率性の"対立"」から「公共性と効率性の"統合"」に向かうためには，「公私」という概念の再確認とともに，「現代大企業は"社会的器官"となった」というパラダイムと，それに立ったコーポレート・ガバナンスが必要不可欠と考える。

（1）以上のように考えてゆけば，「CSRを非営利組織体まで含めて考えよう，そのような時代なのだ」という認識も出てくるであろう。公益性・公共性のために存在する／した行政組織や公企業はマネジメント的に問題があるだけではなく，本来の「公共性・公益性」を本当に「意識し，課題として」取り組んでいるのか？「公共機関の社会的責任」という問題も出てこよう。

（2）ここでは，効率性（生産性）をoutput/inputととらえ，同じ投入量でより大きな産出量，もしくはより少ない投入量で同じ産出量のとき「効率性（生産性）が高い」とする。

（3）コーポレート・ガバナンスの定義は，「会社は誰のものか・主権者は誰か？」，「その主権者のために経営者のチェック＆コントロール」が近年の「流行」であるが，すでに述べてきたように，現代大企業は「所有者の私有財産（モノ）ではない」とするなら，定義は「"誰"の"もの"か」ではなく，「"誰・何"の"ため"にあるのか」となるであろう。

（4）複数の辞書を参照するとほぼ共通して「公共性：社会共通の利害に関わる性質・社会一般に開かれていること」とあり，「公益性：社会一般の利益，公共の利益」とある。公共性・公益性は文脈で使い分けられたりしているようだが，一般的には「社会性」ともほぼ同じ意味で使われている。本稿でも，この3語はほぼ同意味で用いている。

（5）社会主義体制の資本主義化も同じ流れと見ることができよう。

＜ 参考文献 ＞

Adolf A. Berle & Gardiner C. Means（1932a）*The Modern Corporation & Private Property*, New York: The Macmillan Company.（北島忠男訳『近代株式会社と私有財産』文雅堂銀行研究社，1958年）

――― & Gardiner C. Means（1932b）*The Modern Corporation & Private Property*, New York: The Macmillan Company.（森杲訳『現代株式会社と私有財産』北海道大学出版会，2014年）

Drucker, P. F.（1946）*Concept of the Corporation*, John Day Company.（上田惇生訳『企業とは何か』ダイヤモンド社，2008年）

大住壮四郎（1999）『ニュー・パブリックマネジメント』日本評論社。

ニッセイ基礎研究所，川村雅彦（2009）「日本におけるCSRの系譜と現状」。
（http://www.nli-research.co.jp/files/topics/38077_ext_18_0.pdf?site=nli）

塚本一郎・山岸秀雄（2008）『ソーシャル・エンタープライズ』丸善。

『東洋経済CSR総覧』2017年，東洋経済新報社。
（http://toyokeizai.net/articles/-/167266?page=2）

マイケル・E・ポーター，マーク・R・クラマー，DIAMONDハーバード・ビジネス・レビュー編集部（編集）（2014）「経済的価値と社会的価値を同時実現する　共通価値の戦略」ダイヤモンド社。

三戸浩編著（2013）『バーリ＆ミーンズ』（経営学史叢書V）文眞堂。

―――・池内秀己・勝部伸夫（2011）『企業論（第3版）』有斐閣。

森本三男（1994）『企業社会責任の経営学的研究』白桃書房。

製品開発と市場創造
──技術の社会的形成アプローチによる探求──

神戸大学　宮　尾　　　学

【キーワード】製品開発（product development），市場創造（market creation），技術の社会的形成（social shaping of technology），事例研究（case study），製品開発と市場の相互作用（interactions between product development and market）

【要約】平成 29 年度日本経営学会賞の受賞作である『製品開発と市場創造：技術の社会的形成アプローチによる探求』について，問題意識，研究課題，発見事項，および貢献を概観する。

1. はじめに

　拙著『製品開発と市場創造：技術の社会的形成アプローチによる探求』（白桃書房刊，2016 年 6 月）は，平成 29 年度の日本経営学会賞（著書部門）をいただいた。日本経営学会第 91 回大会では学会賞セッションが設けられ，受賞作について講演する機会にも恵まれた。本書を執筆する過程でお世話になった多くの方々，および審査いただいた先生方に改めてお礼申し上げたい。

　本書では，新しい市場を作り出すきっかけとなった製品の開発プロセスに注目している。近年，さまざまな業界で，製品の品質面での差別化が困難になり，コモディティ化が進んでいるといわれている。新しい市場を生み出すという戦略がこの問題への対処の一つとなりうるが，それは容易なことではない。既存市場に参入するのであれば，その市場の顧客から情報を収集し，その要望を満たす製品を開発すれば良い。しかし，市場を創造する場合には，情報を収集すべき市場がその時点では存在しないことになる。しかも，組織は既存市場での競争に適応し

ているので，ますます市場創造に挑戦するのは難しくなる。本書が取り組んだのは，このような既存市場への適応と市場創造のジレンマという問題である。

　また，この問題に取り組むためには，学問領域間の壁を乗り越える必要がある。これまで，製品開発は主として組織のマネジメントの問題として研究されてきたが，市場創造という局面はマーケティングの問題として研究されてきた。本書では，技術の社会的形成という見方を援用して，この 2 つの領域を架橋することを試みた。具体的には，健康茶飲料，着色汚れ除去ハミガキ，高級炊飯器という 3 つの市場創造の局面について，市場レベルと組織レベルの両方で詳細な事例研究を行った。

　本書では，以上のような問題意識について第 1 章で論じた上で，先行研究の整理と問題点の確認，研究方法の検討，そして事例研究の順に検討を進めた。以下では，第 2 章以降の本書の概要を確認し，本書の特徴と貢献を紹介したい。

2. 本書の概要

2-1. 既存の議論の整理

　本書第2章では，市場創造型製品の開発に関連する先行研究についての検討を行った。はじめに，イノベーションの類型化，および製品市場の役割についての研究にもとづき，市場創造型／追跡型製品を，製品評価の枠組みが不連続／連続な製品として定義した。次に，市場創造型製品の開発を理解するために，製品開発研究で多くの研究で採用されてきた市場適応アプローチについて検討した。検討の結果，市場適応アプローチは，市場創造型製品の開発が困難な理由について一定の示唆をあたえるものの，製品開発の審級として製品市場の存在を前提としているため，事後的に市場が形成される市場創造型製品の開発を分析するのには適さないことが示された。

　そこで，市場適応アプローチに代わるものとして，構築主義的アプローチによる研究を取り上げ検討した。社会認知アプローチ（Rosa, et al., 1999）によれば，新たな細分化市場が形成されるプロセスは，市場参加者が対話を通じて知識を共有するプロセスとして理解できる。また，組織レベルにおける意味構成・了解（石井, 1993）と説得（原, 2004）についての研究によれば，市場創造型製品の開発を理解するためには，組織内の説得的な対話によって新たな製品評価の枠組みが了解されるプロセスを明らかにしなければならない。これら既存の議論の検討により，本書の課題に関連する研究蓄積はあるものの，物的存在や構造的要因の影響，および市場レベルと組織レベルの相互作用については，検討の余地があることが示された。

2-2. 方法論的立場の明確化

　第3章では，本書のリサーチ・クエスチョンを示すとともに，方法論的立場の明確化，および研究アプローチの検討を行った。はじめに，

第2章の文献レビューを踏まえ，市場レベルの対話プロセス，組織レベルの製品開発プロセス，および両者の関連性を明らかにすることをリサーチ・クエスチョンとして設定した。

　次に，このリサーチ・クエスチョンを解く上での，方法論的な問題を検討した。リサーチ・クエスチョンに答えるためには，主体の対話のみではなく，物的存在や構造的の影響についても検討する必要がある。このとき，製品市場の存在論については構築主義の立場をとりながら，物的存在や社会的・経済的文脈が実在物として主体の行為，そして新たな細分化市場の形成に影響を与えると考えなければならない。このような見方は，方法論的な矛盾を抱えることになる（Burrell & Morgan, 1979）。

　そこで，この矛盾を乗り越える見方として技術の社会的形成を取り上げ，検討を行った。技術の社会的形成は，技術決定論を批判しつつ技術と社会の相互形成を明らかにしようとする研究領域である（MacKenzie & Wajcman, 1999; Russell & Williams, 2002; Williams & Edge, 1996; 宮尾, 2013）。その研究領域で共有されている見方は，構築主義的な見方と整合的である点，および方法論的な矛盾に積極的な意義を見いだそうとしている点で，本書の研究課題に取り組む上で有効である。以上の検討を踏まえて，本研究では，技術の社会的形成アプローチ（原, 2007）を事例研究の方法に採用することとした（図1）。

2-3. 事例研究

　第4章から第6章では，新たな細分化市場が形成された事例を3つ取り上げ，それぞれ検討を行った。第4章では，美白ハミガキ市場において，「歯を白くする」ことを重視する製品評価の枠組みが「着色汚れを落とす」ことを重視する製品評価の枠組みに置きかえられた事例を検討した。美白ハミガキ市場では「歯を白くする」という性能属性で競争が行われていたが，2001年にサンスターがステインクリアという

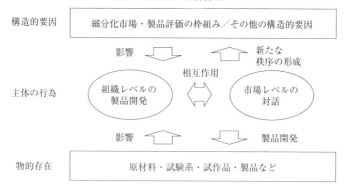

図1 本研究の分析枠組み

製品を発売し,「着色汚れを落とす」という性能属性を提示した。ステインクリアは同時期に発売された製品よりも高いシェアを獲得したため,競合メーカーも同様に「着色汚れを落とす」ことを訴求するようになった。このステインクリアの開発プロセスを検討したところ,推進者が既存の製品評価の枠組みと矛盾する物的存在／構造的要因をきっかけに新たな製品評価の枠組みを構想したこと,既存の製品評価の枠組みを重視する反対者が現れたこと,推進者が反対者を説得したことが明らかとなった。

第5章では,茶系飲料市場の細分化市場として健康茶飲料市場が形成された事例を検討した。茶系飲料市場では,2000年頃から「のどの渇きをいやす」,「お茶の味わいを楽しむ」ことを重視した製品評価の枠組みのもと,いくつかのヒット商品が登場していた。2003年,そこに特定保健用食品(以下,トクホ)の表示許可を得て「健康の維持・増進」を重視した製品評価の枠組みを提示するヘルシア緑茶が登場した。コンビニの販売協力を得た結果,ヘルシア緑茶はヒット商品となった。その後,ヘルシア緑茶と同様にトクホの表示許可を得て350 mLのPETボトルを採用した製品がいくつか登場し,それらが小売店でまとめて陳列されるようになったのである。

この新たな市場のきっかけとなったヘルシア緑茶,追跡型製品の黒烏龍茶OTPP,および引き締った味カテキン緑茶の開発プロセスを検討したところ,次のようなことが明らかになった。第1に,ヘルシア緑茶の開発チームは,推進者が既存の製品評価の枠組みと矛盾する物的存在／構造的要因をきっかけに新たな製品評価の枠組みを構想した。第2に,既存の製品評価の枠組みをもった反対者は現れなかった。第3に,黒烏龍茶OTPP,引き締った味カテキン緑茶の開発では,形成されつつある新たな市場の影響を受けて,製品の設計が変更されていた。

第6章では,電気炊飯器市場の細分化市場として高級炊飯器の市場が形成された事例を検討した。電気炊飯器市場では,2000年代に入ってから「便利さ」を重視した製品評価の枠組みで競争が行われていたが,コモディティ化が起こっていた。2006年,そこに三菱電機が本炭釜を発売し,「ご飯のおいしさへのこだわり」を重視した製品評価の枠組みを提示し,高級炊飯器市場形成のきっかけを作った。その後,多くのメーカーから内釜などの工夫と高価格という共通点を持った炊飯器が登場し,マスコミの紹介や小売店での陳列によってこれらが高級炊飯器としてカテゴリ化されるようになった。

製品開発の事例としては,三菱電機の本炭釜,タイガー魔法瓶の土鍋IH炊飯ジャー,象印マホービンの極め羽釜,およびシャープのヘルシオ炊飯器の開発を取り上げ,検討を行った。前者2つを市場創造型製品,後者2つを追跡型製品として開発プロセスを調べたところ,次のようなことが明らかになった。第1に,開発推進

者は，試作品や自社の置かれている事業環境が既存の製品評価の枠組みと矛盾することに気づき，新たな製品評価の枠組みを構想していた。第2に，既存の製品評価の枠組みを持った主体は，開発中の製品コンセプトを低く評価し，開発の推進に反対した。第3に，推進者は既存の製品評価の枠組みとの妥協，第三者，物的存在，および構造的要因の支持を利用して反対者を説得していた。第4に，追跡型製品を開発した組織は，すでに発売された高級炊飯器とそれらが提示した新たな製品評価の枠組み，そして形成されつつある市場を見て，そこに参入する意図を持って製品を開発していた。

2-4. 結　　論

　第7章では，以上の3つの事例を横断的に検討し，市場レベルの対話，組織レベルの製品開発，および組織レベルと市場レベルの相互作用について，共通したパターンを明らかにした。

　市場レベルの対話は，ある生産者からの新たな製品評価の枠組みの提示，それに対する消費者の反応，および消費者の反応を受けての生産者の反応という3つのステップからなる。一方，組織レベルの製品開発は，組織のあるメンバーが新たな製品評価の枠組みを構想し，関係者との対話によってその製品評価の枠組みを了解するというプロセスからなる。また，このような市場レベルの対話と組織レベルの製品開発は，1) 組織が主体として市場レベルの対話に参加する直接ルート，2) 物的存在や構造的要因を媒介に両レベルが関連する間接ルート，3) 形成しつつある新たな市場・製品評価の枠組みからのフィードバック・ルート，の3つのルートで関連性を持つ。

　以上のように，本書では文献レビュー，研究方法論の明確化を経て3つの事例研究を行い，市場レベルの対話，組織レベルの製品開発，およびそれらの相互作用について，共通したパターンを見いだした。すなわち，製品開発と市場のダイナミクスは，物的存在や構造的要因の影

響下において，組織内外で行われる主体の対話が一定の秩序に収結するプロセスとして理解できることが示された。以上が本書の結論である。

3. 貢　　献

3-1. 製品開発と市場のダイナミクスについての理解

　本書の主たる貢献の1つは，製品開発と市場のダイナミクスについての理解である。それは，市場レベルの対話，組織レベルの製品開発，および両者の相互作用の3つに分けて理解することができる。

3-1-1. 市場レベルの対話

　市場レベルの対話についての発見事項は先行研究と整合的であるが，新たな知見も見いだされた。例えば，Rosa ら (1999) は，細分化市場を市場参加者の認知枠組みとしてとらえ，その枠組みが市場参加者に共有されるメカニズムを市場参加者の対話から読み解いた。本書では，Rosa らのいう対話を単なる言説の交換ではなく行為の連鎖としてより幅広くとらえ (沼上ら，1992)，ある生産者からの新たな製品評価の枠組みの提示，それに対する消費者の反応，および消費者の反応を受けての生産者の反応という3つのステップからなる対話のプロセスを見いだした (表1)。また，本書では，技術の社会的形成アプローチにもとづき，この主体の対話に影響を与えた物的存在，および構造的要因についても検討した。その結果，製品が，生産者による新たな製品評価の枠組みについてのストーリー発信を代行することが示唆された。

3-1-2. 組織レベルの製品開発

　組織レベルの製品開発においては，以下のような市場創造型製品の開発パターンが見いだされた。

1) 既存の製品評価の枠組みと矛盾する物的存在・構造的要因が開発プロセスに持ち込まれることによって新たな製品評価の枠組み

【経営学論集第88集】日本経営学会賞受賞報告〈著書部門〉

表1　新たな市場・製品評価の枠組みを形成する市場レベルでの主体の対話

	新たな価値次元の提示	消費者の反応	生産者の反応
着色汚れ除去ハミガキ	・サンスターがステインクリアを発売 ・着色汚れを除去するという効能についての情報をテレビCMなどで発信	・ステインクリアのシェアが同時期に発売された美白ハミガキのシェアを上回る	・花王・ライオンが，着色汚れを除去する製品を発売 ・サンスターが，着色汚れ除去というコンセプトで製品ラインを拡大
健康茶飲料	・花王がヘルシア緑茶を発売 ・コンビニとの連携により体脂肪を提言するという機能についての情報を発信	・ヘルシア緑茶がヒット	・多数のカテキン高含有緑茶が発売されたが，花王の特許に阻まれ淘汰 ・サントリー，伊藤園がトクホの表示許可を得た製品を発売 ・花王がヘルシア緑茶のトクホ表示許可を再取得
高級炊飯器	・三菱電機が本炭釜を発売 ・タイガーが土鍋IH炊飯ジャーを発売し，試食キャンペーンを実施	・本炭釜，土鍋IH炊飯ジャーがヒット	・多くのメーカーが内釜に工夫を施した高価格な炊飯器を発売 ・三菱電機／タイガー魔法瓶が本炭釜／土鍋IH炊飯ジャーを改良 ・各メーカーが高級炊飯器の特徴を継承した中・低価格帯の製品ラインを展開

が構想される。

2) 既存の製品評価の枠組みを持った主体が，開発中の製品コンセプトを低く評価し，開発の推進に反対する場合がある。

3) 反対者が現れた場合，推進者が反対者を説得する。その過程では，物的存在の支持，構造的要因の支持，第三者の支持，あるいは既存の製品評価の枠組みとの妥協が見いだされることによって，新たな製品評価の枠組みが採用される。

特に興味深いのは，新たな評価枠組みの構想と，推進者による反対者の説得である。新たな評価枠組みを構想するプロセスは，図2のように描くことができる。市場創造型製品の開発では，開発チームのメンバーが既存の製品評価の枠組みで重視されていた性能属性と矛盾する物的存在や構造的要因を開発プロセスに持ち込む。このとき，既存の評価枠組みを優先するならば，これらの物的存在や構造的要因は組織から排除されるだろう。しかし，本書で取り上げた事例では，推進者がこの矛盾をきっかけとして利用し，新たな評価枠組みを構想していた。この新たな評価枠組みによれば，そのような矛盾は発生しない。かくして，推進者は新たな評価枠組みを組織に定着させようと動き始めるのである。

しかし，その後の過程では，製品開発の進行に反対するものが現れる場合がある。反対者は既存の製品評価の枠組みに従って開発中の製品コンセプトを低く評価し，その製品の開発を進めるべきではないと主張する。このとき，推進者は，既存の製品評価の枠組みとの妥協，第三者の支持の利用，物的存在の支持の利用，および構造的要因の利用という4つの説得的な対話によって，反対者を説得するのである。

3-1-3. 両者の相互作用

事例研究では，1) 組織が主体として市場レベルの対話に参加する直接ルート，2) 物的存在や構造的要因を媒介に両レベルが関連する間

製品開発と市場創造　77

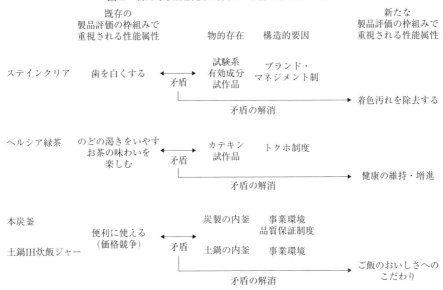

図2　新たな製品評価の枠組みを構想するプロセス

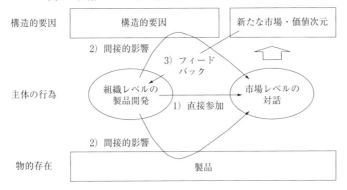

図3　組織レベルの製品開発と市場レベルの対話の関連

接ルート，3）形成しつつある新たな市場・製品評価の枠組みからのフィードバック・ルート，という3つのルートで，組織レベルの製品開発と市場レベルは相互作用することが示された。この相互作用の結果，組織レベルの製品開発で採用された新たな製品評価の枠組みが，市場レベルの対話においても市場参加者に共有されると考えられる（図3）。

特に，組織レベルと市場レベルの相互作用において，間接ルートが重要な役割を担うことを指摘したのは，本書の特徴である。これまでの研究においても，イノベーションの実現には社内だけでなく社外の説得が必要であることは指摘されていた（原，2004）。本書の事例研究から見いだされた直接ルートによる組織レベルの製品開発と市場レベルの対話の関連性の発生は，まさにこの社外の説得に相当する。新たな製品評価の枠組みを提示するメーカーは，市場レベルの対話に参加し，マーケティング・ミックスのすべての局面で新たな市場・製品評価の枠組みを形成するように働きかけるのである。

技術の社会的形成アプローチによる分析は，この直接ルートに加えて間接ルートが両レベルの関連性の発生に重要な役割を担っていることを明らかにした。技術の社会的形成の知的源流の1つであるアクター・ネットワーク理論では，

物的存在がその技術に関連するネットワークにおいてその役割を果たすことが，その技術を維持する上で不可欠であるという（Callon, 1987）。物的存在は，その設計にもとづき物的エージェンシーを発揮し，社会システムを支えている（Leonardi, 2012）。言葉をかえれば，物的存在の支持が得られなければ，新たな市場・製品評価の枠組みを維持することはできない。また，構造的要因が，組織レベルの製品開発と市場レベルの対話の両方で共通して採用され，その結果として両方のレベルに関連性が生まれることは，これまでの研究ではほとんど指摘されていなかった。このように，本書では技術の社会的形成アプローチを分析枠組みとして採用することで，間接ルートの役割を指摘することができたといえるだろう。

3－2. 分析アプローチの確立

以上のように，本書の発見事項の多くは，事例研究において技術の社会的形成アプローチを採用したことによって得られている。このことは，技術の社会的形成アプローチが製品開発と市場のダイナミクスを理解する上で有効であることを示している。

技術の社会的形成の論者たちは，防衛システムや電力システム，自転車，プラスチック，電灯，鉄鋼，飛行機，情報技術など，社会に大きなインパクトを与えた比較的長期間にわたっての技術の形成をとりあげ，その過程における社会，政治，経済，文化などの影響を考察してきた（e.g. MacKenzie & Wajcman, 1999）。しかし，その見方は科学技術社会論にとどまらず経営学の研究領域にも応用可能であるといわれている（宮尾，2013；原，2007）。本書は，このような技術の社会的形成アプローチの応用可能性を実際に事例分析に適用することで明示したといえるだろう。

本書が明らかにしたように，組織の製品開発，技術開発は，市場参加者の対話によって形成される市場と密接な関係を持っている。その関係は，イノベーション，あるいは製品開発が社会にインパクトを与えるというようなテクノロジー・プッシュな関係でもなければ，顧客ニーズに適応して製品を開発するというマーケット・プルな関係でもなかった。むしろ，製品開発と市場の形成は分かちがたく結びついており，お互いがお互いを形成するダイナミックな関係にあるといえる。このように本書では，技術の社会的形成の論者による技術と社会の相互形成という見方を敷衍することで，製品と市場の相互形成を分析するアプローチを確立できたのである。

4. おわりに

新たな市場の境界を見いだし，競争のない市場をいち早く形成するという戦略は，既存市場における競争が激化している局面では，非常に有効である（Kim and Mauborgne, 2005）。そのためにはどうすれば良いのか。これが，本書執筆のきっかけとなった実践的な問いだった。この問いに対して本書で示唆するのは，将来の消費者ニーズを予測し，新たな価値を提供すれば良いというのは，素朴な見方にすぎる，ということである。新たな市場・製品評価の枠組みの形成を意図的にコントロールしたいのであれば，市場参加者の対話，物的存在，および構造的要因からなるネットワークを把握した上での慎重なマネジメントが必要となる。市場創造型製品を開発するためには，消費者のニーズを予測して，それに合わせた製品をつくるというよりも，ニーズそのものが形成されるよう，主体的に市場レベルの対話に参加する必要がある。特に，新たな製品評価の枠組みを正当化するためには，その対話において構造的要因を巧妙に利用しなければならない。また，この対話においては物的存在にもストーリーの発信者としての役割を担わせることが重要な施策となる。

細分化市場はあくまでも市場参加者の対話によって共有された知識にすぎない。したがって，

市場参加者が対話するままに任せておけば，その知識がどのように共有・安定化されるかはまったく予想できないということになってしまう。しかし，本書の事例研究で示したように，新たな市場・製品評価の枠組みの形成に介入する手段はさまざまなものがある。そして，その手段は主体としての対話への参加，構造的要因を利用した正当化，および物的存在によるストーリーの発信の3点に集約することができる。これらを駆使することで，組織は自らに有利なように新たな市場の形成に介入することができるだろう。

　一方，組織の内部に目を向ければ，本書は市場創造型製品の開発を企図した組織マネジメントについても示唆を与える。特に注目すべきなのは，既存の製品評価の枠組みと構造的要因や物的存在との間に矛盾が見出されるプロセスだろう。これまでの市場適応アプローチによる製品開発論では，このような矛盾は「問題」であり，製品開発を進めるためにはその解決が必要になるとされてきた。そのため，適応すべき市場が参照され，顧客ニーズが基準となって問題解決の方法が選択されるというのが，市場適応アプローチの一般的な見方である。しかし，本書の事例では，この矛盾は解決すべき問題というよりは，開発に関与した人々が新たな製品評価の枠組みを見出すきっかけという組織にとってポジティブな役割を果たしていた。

　このように，既存の製品評価の枠組みと構造的要因や物的存在の間の矛盾を見いだし，そこから新たな製品評価の枠組みを構想するためには，2つの条件を満たさなければならない。1つは，矛盾を見いだすこと，もう1つは，見いだした矛盾を安易に解消せず（既存の製品評価の枠組みを採用せず），新たな製品評価の枠組みを構想し，対話を行うこと，である。

　以上のように，本書では実践的な問題意識に対して，ある程度の示唆を導くことができた。しかし，本書に問題がないわけではない。さらに多様な事例を取り上げることで，見いだされた理論の再現性を確認する必要があるだろう。また，新たな市場を形成するためには，どのように製品開発をマネジメントすれば良いのか，という問いに答えるためには，さらなる検証が必要だろう。今後の研究では，これらの課題に取り組んでいきたい。

＜参考文献＞

Burrell, G. and Morgan, G.（1979）*Sociological paradigms and organisational analysis: elements of the sociology of corporate life*, London: Heinemann.

Callon, M.（1987）Society in the making: The study of technology as a tool for sociological analysis, In Bijker, W. E., Hughes, T. P. and Pinch, T. J.（Eds.）, *The social construction of technological systems*, 83-103, Cambridge, MA: MIT Press.

Kim, W. C. & Mauborgne, R.（2005）*Blue ocean strategy: How to create uncontested market space and make the competition irrelevant*, Boston, MA: Harvard Business School Press.（有賀裕子訳『ブルー・オーシャン戦略―競争のない世界を創造する』ランダムハウス講談社, 2005年）

Leonardi, P. M.（2012）Materiality, sociomateriality, and socio-technical systems: What do these terms mean? How are they different? Do we need them? In Leonardi, P. M., Nardi, B. A. and Kallinikos, J.（Eds.）, *Materiality and organizing: Social interaction in a technological world*, 25-48, Oxford: Oxford Univesity Press.

MacKenzie, D. A. and Wajcman, J.（1999）*The social shaping of technology*, 2nd ed., Buckingham: Open University Press.

Rosa, J. A., Porac, J. F., Runser-Spanjol, J. and Saxon, M. S.（1999）Sociocognitive dynamics in a product market, *Journal of Marketing*, 63（Special issue）: 64-77.

Russell, S. & Williams, R.（2002）Social shaping of technology: Frameworks, findings and implication for policy with glossary of social shaping concept, In Sørensen, K. H. and Williams, R.（Eds.）, *Shaping technology, guiding policy: Concepts, spaces & tools*, 37-132, Cheltenham: Edward Elgar.

Williams, R. & Edge, D.（1996）The social shaping of technology, *Research Policy*, 25(6): 865-899.

石井淳蔵（1993）『マーケティングの神話』日本経済新聞社。

沼上幹・浅羽茂・新宅純二郎・網倉久永（1992）「対話としての競争―電卓産業における競争行動の再解

釈」『組織科学』26(2): 64-79。

原拓志（2004）「イノベーションと「説得」─医薬品の研究開発プロセス」『ビジネス・インサイト』12(1): 20-33。

───（2007）「研究アプローチとしての『技術の社会的形成』」『年報 科学・技術・社会』16: 37-57。

宮尾学（2013）「技術の社会的形成」組織学会編『組織論レビュー II─外部環境と経営組織』白桃書房, 89-136, 所収。

日本経営学会第91回大会

統一論題テーマ
公共性と効率性のマネジメント
― これからの経営学 ―

大会実行委員会委員長挨拶

　盛夏の候、日本経営学会の会員の皆様におかれましてはご清栄のことと存じます。

　この8月31日（木）〜9月2日（土）（8月30日は常任理事会・理事会・各種委員会開催）の間、岡山大学津島キャンパスにおきまして日本経営学会第91回大会が開催されます。この大会は、統一論題テーマとして「公共性と効率性のマネジメント−これからの経営学−」を掲げて、各種のセッションが行われます。

　2年前に開催の受諾を致しまして以来、第91回大会プログラム委員長を中心に当委員会での討議・検討を基に、準備を進めてまいりました。そして、本大会実行委員会としましては、地方で足の便が悪く、また提供する施設・機器の老朽化等を懸念しておりますが、「不便はおかけするかもしれません。でも、コンパクト・低コスト…そして知的興奮は一杯」をスローガンに盛会になることを念頭に尽力して参りました。

　当日、会場で、多くの参加会員の皆様にお逢いできますことを大会実行委員会一同、心待ちしております。

　なお、終了後、本大会の内容の一部をまとめました経営学論集第88集（2018年春・千倉書房刊行の予定）が全会員の皆様に送付される予定です。その掲載に関係されます報告者の会員は、本大会終了後、原稿提出につきましてご協力をお願い致します。

大会実行委員会・委員長　松田　陽一

全体スケジュール　8月31日㊍〜9月2日㊏

統一論題テーマ：公共性と効率性のマネジメント ― これからの経営学 ―

サブテーマ①医療・福祉組織のマネジメント

サブテーマ②ソーシャルビジネスのマネジメント

サブテーマ③公共性と効率性のマネジメントからみたCSR

8月30日㊌			12:00	14:00	16:00
			常任委員会	各種委員会	理事会

8月31日㊍ 9:00受付 13番講義室	9:30	10:00		13:00〜15:30	16:00
	開会式 20番講義室	・院生セッション ・英語セッション 各講義室	休 憩 ・理事会他 各講義室	・統一論題サブテーマ① 医療・福祉組織のマネジメント 20番講義室	会員総会 創立五十周年記念館 金光ホール　（13頁地図）
		10:30			
		・ワークショップ 各講義室			

9月1日㊎ 9:00受付 13番講義室	9:30〜12:00	12:00	13:00	15:20〜17:50	18:30
	・統一論題サブテーマ② ソーシャルビジネスのマネジメント 20番講義室	休 憩 ・理事会他 各講義室	自由論題I-1・2 各講義室	・統一論題サブテーマ③ 公共性と効率性のマネジメントからみたCSR 20番講義室	懇親会 ANAクラウン プラザホテル 岡山

9月2日㊏ 9:00受付 13番講義室	9:30	12:00	13:00(〜40)	13:50	15:30
	・自由論題II-1・2 各講義室	休 憩 ・理事会他 各講義室	・学会賞 セッション 20番講義室	自由論題III-1・2 各講義室	閉会式 20番講義室

8月30日㊌

12:00	常任委員会	17番講義室
14:00	各種委員会	12番講義室 14番講義室
16:00	理事会	17番講義室

8月31日㊍

受　付（13番講義室）9:00開始

開会式（20番講義室）9:30開始

院生セッション：報告20分・質疑10分

会　場	11番講義室	12番講義室	14番講義室	22番講義室
司会者	櫻田涼子（甲南大学）	古田成志（中京学院大学）	團泰雄（近畿大学）	戸前壽夫（岡山大学）
① 10:00 〜 10:30	加瀬部強（岡山大学大学院） 中小企業等の後発優位に関する研究	片桐邦彦（立命館大学大学院） 診療放射線技師の役割の実態と可能性	川上佐智子（岡山大学大学院） 組織変革の抵抗における類型化に関する研究－事例分析による仮定的な2軸と4類型の提示－	橋村政哉（明治大学大学院） CSRの欠如と克服－日本企業の従業員考慮に着目して－
② 10:45 〜 11:15	暁艶（名古屋大学大学院） 技術統合による新事業創出の成功要因－デンソーにおける「農業支援事業」と「ヘルスケア事業」の比較－	水野未宙也（一橋大学大学院） 新規参入を契機とする既存企業間の競争関係の変動－眼鏡小売業界を事例として－	佐々木博之（早稲田大学大学院） 保険販売実績の落ち込みと資産運用のリスクテイキングのパフォーマンス・フィードバック－生命保険会社のパネルデータでの統計的分析－	
③ 11:30 〜 12:00	伊藤泰生（早稲田大学大学院） ビデオゲーム産業における産業内多角化と業績の関係性－アウトソーシングのモデレート効果－	浅井希和子（神戸大学大学院） 日本企業の意思決定システムについての一考察－組織階層を超えた意思統一のプロセス－	フヤル モハン（創価大学大学院） インドのインフラ整備における官民パートナーシップ（PPP）の現状と課題	

英語セッション：報告25分・質疑15分

会　場	21番講義室	23番講義室	25番講義室
司会者	上野恭裕（関西大学）	加藤志津子（明治大学）	Manoj Shrestha（甲南大学）
① 10:00 〜 10:40	井形元彦（高知工科大学） 桂信太郎（高知工科大学） An Overview of the Application of Know-how included in Manufacturing Industry to agricultural business	葉山彩蘭（淑徳大学） Cross-Cultural Impact on Japanese MNEs' Localization Strategies in Asian Countries	George Y. Wang（創価大学） Taking Corporate Social Responsibility as Growth Strategy
② 10:45 〜 11:25	加藤和彦（名古屋商科大学） Research on ecosystem destruction and commoditization by dominant platform products	渡部吉昭（文京学院大学） Design for Downstream to Integrate R&D and Downstream Opportunities	Lara Makowski（Kobe University） Ralf Bebenroth（Kobe University） Job Satisfaction of Returnees to Japan
③ 11:30 〜 12:10	畑中艶子（立命館大） Tree-Style Strategy for the Growth of Corporations－A kind of Analysis Framework of Corporate Strategy－		Shohei Yamamoto（Universitat Pompeu Fabra） Daniel Navarro-Martinez（Universitat Pompeu Fabra） The Endowment Effect in the Future

ワークショップ1

	オーガナイザー	テーマ：医療、モノづくりの新たなマネジメントを考える
10:30〜11:50 22番講義室	松田陽一（岡山大学）	第1報告：十河 浩史氏（公益財団法人倉敷中央病院地域医療連携・広報部長）「（仮）医療における公共性と効率性」 第2報告：中島 義雄氏（ナカシマホールディングス株式会社常務取締役）「（仮）ものづくりにおける公共性と効率性」

ワークショップ2

	オーガナイザー	テーマ：北方バーナーディアンの挑戦—組織の境界に再度注目しよう—
10:30〜11:50 24番講義室	玉井健一（小樽商科大学）	第1報告：西村友幸（小樽商科大学）「組織の境界問題への経営学説的接近」 第2報告：大平義隆（北海学園大学）「組織の境界への組織行動論的接近」

会員休憩・控室：10番講義室

理事会：17番講義室

統一論題サブテーマ①：「医療・福祉組織のマネジメント」
報告30分・コメント15分・質疑40分

	司会者　玉井健一（小樽商科大学）		
	報告者	タイトル	討論者
13:00〜15:30 20番講義室	江尻行男（東北福祉大学）	介護人材不足の問題とその影響−主として介護経営の観点から−	
	髙橋淑郎（日本大学）	非営利組織としての病院経営の方向−医療制度、病院価値、バランスト・スコアカード（BSC）を手掛かりに−	川村尚也（大阪市立大学）
	瓜生原葉子（同志社大学）	医療の質評価と人材育成	

会員総会　16:00開始　**創立五十周年記念館 金光ホール**

日本経営学会 第91回大会プログラム　　85

9月1日㊎

受付（13番講義室）9:00開始

統一論題サブテーマ②：「ソーシャルビジネスのマネジメント」
報告30分・コメント15分・質疑40分

	司会者　北真収（岡山大学）		
	報告者	タイトル	討論者
9:30~12:00 **20番講義室**	出見世信之（明治大学）	ソーシャルビジネスの二面性－主体と活動のマネジメント－	伊佐淳（久留米大学）
	藤原孝男（豊橋技術科学大学）	クラウドファンディングによるネグレクテッド疾病薬開発ベンチャーの存続可能性について	
	橋本理（関西大学）	社会的企業のマネジメントの困難と可能性－協同組合による介護・生活支援を事例にして－	

自由論題I-1：報告25分・質疑15分

会　場	11番講義室	12番講義室	14番講義室	21番講義室
司会者	勝部伸夫（専修大学）	浦野倫平（九州産業大学）	藤田誠（早稲田大学）	涌田幸宏（名古屋大学）
① **13:00** ~ **13:40**	谷祐児（旭川医科大学） 中小規模医療法人病院経営改善における重要要因－全国対象病院アンケート調査からの考察－	月岡靖智（関西学院大学） The Impact of Japan's Stewardship Code on Shareholder Voting	奥野賢志（長崎大学大学院） 先進的農業経営の課題－大島トマトと高島トマトの事例－	芝香（小樽商科大学大学院） シェアビジネスの利用動機にSNSの信頼性が及ぼす影響－SNSの信頼性に関する実証研究－
② **13:45** ~ **14:25**	楊成寧（名古屋大学） 介護・福祉における経験知伝達の課題と改善	山縣宏寿（諏訪東京理科大学） ソーシャル・インパクト・ボンドの可能性と課題－英国ピーターバラプロジェクトに関する調査結果に基づいて－	岸保行（新潟大学） 日本酒の海外市場への浸透過程－情報伝播のアプローチから－	平澤賢一（会津大学短期大学部） 上場企業IR部門の社外対応と企業業績－日経225構成銘柄企業の実態調査を中心として－
③ **14:30** ~ **15:10**	亀井克之（関西大学） 中小企業経営者の健康資産－日仏比較研究－	馬場晋一（長崎県立大学） 創業基金と資本市場のアンプリカシオン－初期調達における期待形成の一つの試論－	遠藤雄一（北海道情報大学） 食のブランド化における農商工連携の再考	Manoj Shrestha（甲南大学） 変貌するアフリカと日系企業－対外直接投資と技術移転をめぐって－

会員休憩・控室：10番講義室

理事会：17番講義室

自由論題I-2：報告25分・質疑15分

会　場	22番講義室	23番講義室	24番講義室	25番講義室
司会者	中瀬哲史(大阪市立大学)	谷本啓(同志社大学)	細川孝(龍谷大学)	信夫千佳子(桃山学院大学)
① 13:00 〜 13:40	上西聡子(九州産業大学) 町工場の計算装置	柴田聡(山形大学) 玉井由樹(福山市立大) トリプルヘリックスの陥穽－利益相反するコミュニティアクターの問題－	原武治(早稲田大学) 大原孫三郎・原澄治にみる公共性と効率性のマネジメント論	崔麗超 (大阪市立大学大学院) M&A交渉過程における企業戦略の論理－日台企業の買収事例に関する一考察－
② 13:45 〜 14:25	浅井紀子(中京大学) 製造業における現場概念の変容－桁違いの技術変化が惹起する生産拠点再定義－	森俊也(長野大学) 成熟期企業におけるステークホルダーマネジメント－主たる利害関係者を全体として調整する方針をもつことの意味－	久原正治(久留米大学) 公共性と効率性のミスマネジメントから生じる危機を分析する「ミクロ的基礎」の枠組み－金融危機と原発事故の事例から考える－	坂本恒夫(明治大学) 合併・買収・事業連携と「社会的価値」
③ 14:30 〜 15:10	牧良明(茨城大学) 戦時期における日立製作所自動車部品事業	村田大学(創価大学) バイエルにおける株主の圧力と監査役会の独立性	菅原浩信(北海学園大学) ふれあいサロンの存続方策としての地域プラットフォームの構築	瀬戸正則(広島経済大学) ベンチャー型中小企業における理念経営に関する一考察－経営者の言行に着目して－

統一論題サブテーマ③：「公共性と効率性のマネジメントからみたCSR」
報告30分・コメント15分・質疑40分

15:20〜17:50 20番講義室	司会者　中條秀治(中京大学)		
	報告者	タイトル	討論者
	足立辰雄(近畿大学)	中小企業CSR実態調査結果とCSR経営の展望	津久井稲緒(長崎県立大学)
	桜井徹(国士舘大学)	『効率性』による『公共性』包摂としてのCSR経営とその限界－企業不祥事に関連して－	
	三戸浩(長崎県立大学)	「社会的器官」としての企業のCSR	

懇親会　18:30開始　ANAクラウンプラザホテル岡山(12頁地図参照)

日本経営学会 第91回大会プログラム　　87

9月2日㊏

受付（13番講義室）9:00開始

自由論題Ⅱ-1：報告25分・質疑15分

会場	11番講義室	12番講義室	14番講義室	21番講義室
司会者	守屋貴司（立命館大学）	咲川孝（新潟大学）	菊澤研宗（慶應義塾大学）	髙橋正泰（明治大学）
① 9:30 〜 10:10	渡部順一 （宮城学院女子大学）	山田幸三（上智大学）	長島直樹（東洋大学） 長島芳枝（大東文化大学）	内藤孝紀（四日市大学）
	女性活躍推進のマネジメント-東北6県庁等の試み-	先駆的組織間協働と産地の存続-有田焼陶磁器産地の事例を中心として-	日本のサービス企業による新興国進出と消費者理解の試み	「非階層」組織はありうるか-リゾームの秩序形成と階層-
② 10:15 〜 10:55	加藤恭子（芝浦工業大学）	川崎綾子（名古屋大学）	小松原聡（青森中央学院大学）	庭本佳子（神戸大学）
	駐在経験者の仕事と家庭の両立に関する意識調査-2009年-2017年の間に何が変わり、何が変わらなかったのか-	映画産業における企業間境界役割のフィルター行動-芸術イノベーションを実現する境界維持機能の発揮-	二つの国際的事業展開モデルにおける戦略マネジメント・コントロールに関する考察	共有型リーダーシップの戦略的意義
③ 11:00 〜 11:40	黒川秀子（桃山学院大学）	中本龍市（椙山女学園大学） 野口寛樹（福島大学） 高井計吾（京都大学大学院）	江婷婷 （大阪市立大学大学院）	水野由香里（国士舘大学）
	CSRに対する意識の変遷とその本質-1970年代と2000年代以降の比較を通じて-	顧客と取引特性は知識の範囲にどのように影響するか-知識集約型組織を対象に-	バンドリング・モデルに基づく自動車部品企業の国際事業展開に関する分析	経営学におけるresilience研究の理論的展開可能性

自由論題Ⅱ-2：報告25分・質疑15分

会場	22番講義室	23番講義室	24番講義室	25番講義室
司会者	池内秀己（九州産業大学）	田口直樹（大阪市立大学）	上林憲雄（神戸大学）	田中一弘（一橋大学）
① 9:30 〜 10:10	渡辺周（東京外国語大学）	井上隆一郎（桜美林大学）	芦澤成光（玉川大学）	円城寺敬浩（東京富士大学）
	経営者は誰か-経営陣の交代が撤退の意思決定に与える影響の比較-	アジア現地企業へのTPS普及状況に関する研究	認知的視点からの戦略形成とコミュニケーション形成の分析-長野県の中小企業3社の事例から-	北欧のCSRとコーポレート・ガバナンス-デンマークを中心にして-
② 10:15 〜 10:55	小野瀬拡（駒澤大学）	信夫千佳子（桃山学院大学）	佐藤佑樹（流通経済大学） 島貫智行（一橋大学）	後藤俊夫（日本経済大学）
	創業後の業績に影響する企業家の経験	セル生産システムの自律化-トヨタの開発試作工場の事例-	インクルージョン風土と従業員の創造性の関係における知覚された組織的支援(POS)の媒介効果	ファミリービジネスにおけるファミリーガバナンスについて
③ 11:00 〜 11:40	三嶋恒平（慶應義塾大学）	劉仁傑（台湾東海大学）	志賀敏宏（多摩大学）	
	リスクマネジメントを通じた競争優位の構築-熊本地震における企業行動-	台湾におけるパナソニックと地場サプライヤーの協力関係-レッツノードとタフブックの底力を探る-	セレンディピティ研究のためのプラットフォームの提言	

会員休憩・控室：10番講義室

理事会：17番講義室

学会賞セッション　13:00〜13:40　20番講義室　司会：田淵泰男（学会賞審査委員会委員長 国士舘大学）

自由論題Ⅲ−1：報告25分・質疑15分

会　場	11番講義室	12番講義室	14番講義室	21番講義室
司会者	吉成亮（愛知工業大学）	福永文美夫（久留米大学）	原拓志（神戸大学）	岩波文孝（駒澤大学）
① 13:50 〜 14:30	志田崇（株式会社東芝）	鈴木修（関西学院大学）	竹野忠弘（名古屋工業大学）	鈴木由紀子（日本大学）
	パリ協定発行後社会における企業のCSV経営可能性の考察−水素社会へのコレクティブ・インパクトアプローチを事例として−	組織スラックとイノベーションとの関係に関する実証研究	日本自動車メーカーのグローバル戦略にいたる多国籍製造経営論の展開	社会的企業に関する一考察−ハイブリッド型企業の可能性と課題−
② 14:35 〜 15:15	山田雅俊（玉川大学）	太田啓介（長崎大学大学院）	加藤厚海（広島大学） 下野由貴（名古屋市立大学）	木村隆之（九州産業大学）
	エネルギー業界におけるイノベーション戦略−クリーンエネルギー普及の経営課題−	データマイニングによる産業動態分析−わが国、建設機械レンタル業界の事例−	海外展開を進める日系企業の企業間関係構築パターンに関する研究−タイの日系自動車産業におけるサプライチェーンの事例研究−	厚生概念を通じた我が国におけるソーシャル・イノベーション研究の再考

自由論題Ⅲ−2：報告25分・質疑15分

会　場	22番講義室	23番講義室	24番講義室
司会者	田淵泰男（国士舘大学）	所伸之（日本大学）	平野恭平（神戸大学）
① 13:50 〜 14:30	笹本香菜（小樽商科大学大学院）	三浦大介（神戸大学）	岡本哲弥（滋賀大学）
	企業組織におけるドメインの深化と転換−バイオニアジャパングループの事例から−	医薬品イノベーションにおけるバイオクラスターの機能−神戸、彩都、筑波の比較事例分析−	自動車産業における部品サプライヤーの取引品目間のオーバーラップ
② 14:35 〜 15:15	森谷周一（関西学院大学）	亀岡京子（東海大学） 江向華（就実大学）	犬塚篤（名古屋大学）
	創発戦略の再検討による競争優位の探求	普遍的な製品に顧客ニーズを取り込むイノベーション・プロセス−菅公学生服によるマス・カスタマイゼーションのジレンマの克服−	完成車メーカーと1次サプライヤー間の取引依存関係

閉会式（20番講義室）　15:30開始

編集後記

日本経営学会理事長　百　田　義　治

『経営学論集』第88集の刊行を関係者の皆様とともに喜びたいと思います。また，執筆者をはじめ関係者の皆様に感謝申し上げます。

「経営学論集」第88集（Web版）には，2017年8月30日〜9月2日に岡山大学津島キャンパスで開催された日本経営学会第91回大会における統一論題報告，自由論題報告（英語セッション，大学院生セッションも含めて79本の報告）などほぼすべての報告を活字化した論文（または要旨）が収録されています。また，紙媒体の『経営学論集』には，統一論題報告，日本経営学会賞受賞報告が掲載されています。また，広報委員会のご尽力により，今年中には，『経営学論集』も『日本経営学会誌』とともに，創刊号（第1集）からすべてをJ-STAGEでご覧いただけるようになります。ぜひ，積極的にご活用ください。

第91回大会は，日本経営学会創設100年に向けて新たな一歩を踏み出した大会でした。大会開催直前に日本経営学会創設90周年記念事業の一環として刊行された『日本経営学会史』（千倉書房）収録の資料によれば，中国地方における日本経営学会の大会開催は，今回の岡山大学が初めてとのことです。開催地の広がりという点でも，本大会は創設100年に向けた新たな一歩となりました。今回の大会は，時宜を得た統一論題テーマであったことに加えて，岡山大学が関西圏からの交通の便も良く，疎水も流れる緑豊かな美しい広大なキャンパスに450名を超える会員を迎えた盛大な大会となりました。ご参加いただいた会員の皆様に改めてお礼申し上げます。

このように日本経営学会90年の歴史を踏まえ，新たな一歩を踏み出した第91回大会は，新世紀の経営学の課題に果敢に挑戦した「公共性と効率性のマネジメント―これからの経営学―」という統一論題の下に，サブテーマとして「①医療・福祉組織のマネジメント」，「②ソーシャルビジネスのマネジメント」，「③公共性と効率性のマネジメントからみたCSR」という3本の柱を設定し，サブテーマ①では，江尻行男会員「介護人材不足の問題とその影響―主として介護経営の観点から―」，髙橋淑郎会員「非営利組織としての病院経営の方向　医療制度，病院価値，バランスト・スコアカード（BSC）を手掛かりに―」，瓜生原葉子会員「医療の質評価と人材育成」，サブテーマ②では，出見世信之会員「ソーシャルビジネスの二面性―主体と活動のマネジメント―」，藤原孝男会員「クラウドファンディングによるネグレクテッド疾病薬開発ベンチャーの存続可能性について」，橋本理会員「社会的企業のマネジメントの困難と可能性―協同組合による介護・生活支援を事例にして―」，サブテーマ③では，足立辰雄会員「中小企業CSR実態調査結果とCSR経営の展望」，桜井徹会員「『効率性』による『公共性』包摂としてのCSR経営とその限界―企業不祥事に関連して―」，三戸浩会員「『社会的器官』としての企業のCSR」という，それぞれの分野を代表する会員による意欲的な報告が行われ，活発な質疑が展開されました。公共性と効率性，社会性と経済性の両立は，営利・非営利のハイブリッド化とも表現されるように，企業・非企業（非営利組織）を

問わず，21世紀におけるマネジメントの重要な実践的課題であり，また現代経営学のメインテーマでもあり，『経営学論集』第88集の刊行により，大会会場での議論がさらに広く深く展開される契機となることを期待するところです。まさに第91回大会の統一論題設定は時宜を得たものでした。夏目啓二プログラム委員会委員長をはじめ本大会のプログラム委員会の皆様のご尽力に感謝申し上げます。

統一論題以外にも，本大会では，自由論題報告（院生セッション，英語セッションを含む）79本が報告されました。「学会ニュース」（No.52）でも触れましたように，英語セッションは3会場で8本が報告されるほど盛況であり，グローバルな研究成果発信の取り組みの必要性を改めて痛感しました。また，ワークショップもすっかり定着し，ミニシンポ的に会員それぞれの研究課題に沿って活発な議論が展開され好評でした。研究部会の積極的な活用を会員総会で提起させていただきましたが，会員のニーズに応えた大会という点では，まだまだ改善の余地は残されていることを痛感しています。多くの会員にとって魅力ある大会の実現に向けて鋭意努力してまいります。

なお，第91回大会の会員総会では，『経営学論集』の今後のあり方についても問題提起させていただきました。学会を取り巻く環境の変化に合わせて，また会員のニーズの変化に合わせて，『経営学論集』のあり方も絶えず検討していく必要があります（当面する課題など詳しくは，「学会ニュース」（No.52）をご覧ください）。会員の皆様とともに考えて参りたいと思います。

日本経営学会大会の準備と運営には大変な労力が必要です。第91回大会を周到に準備していただき，見事に運営していただいた岡山大学の大会実行委員会の皆様，とりわけ松田陽一実行委員会委員長，そして学生スタッフの方々に心よりお礼申し上げます。

最後に，本論集の刊行に際して，千倉書房の千倉成示社長，神谷竜介編集部長のご協力とご配慮に対して感謝申し上げます。

〈経営学論集第88集〉公共性と効率性のマネジメント──これからの経営学──

2018年5月6日　発行

編　者　日本経営学会
　　　186-8601　東京都国立市中2-1
　　　一橋大学大学院商学研究室気付
　　　Tel 042-580-8571
　　　http://www.keiei-gakkai.jp（日本経営学会）
　　　http://www.jaba.jp（経営学論集）

発行所　株式会社 千倉書房
　　　104-0031　東京都中央区京橋2-4-12
　　　Tel 03-3273-3931　Fax 03-3273-7668
　　　https://www.chikura.co.jp/
　　　E-mail：*chikura@chikura.co.jp*

© 日本経営学会 2018 Printed in Japan　　印刷・製本　藤原印刷／表紙デザイン　島一恵
ISBN978-4-8051-1139-0 C3034

日本経営学会 第92回大会のご案内

開催日時： 2018年9月6日・7日・8日

開催会場： 新潟国際情報大学　新潟中央キャンパス

〒951-8068　新潟市中央区上大川前通7番町1169
※9月7日（金）午後の統一論題、特別講演は、「新潟グランドホテル」で開催。

統一論題：　『日本的経営の現在—日本的経営の何を残し、何を変えるか—』

サブテーマ①　『日本的経営とは何だったのか？』
9月6日（木）12：30～15：15　新潟国際情報大学　新潟中央キャンパス

サブテーマ②　『日本的経営の何を残し、何を変えるのか？』
9月7日（金）13：00～15：30　新潟グランドホテル

サブテーマ③　『日本の「会社主義」はどうなるのか？』
9月8日（土）13：00～15：30　新潟国際情報大学　新潟中央キャンパス

特別講演：
9月7日（金）15：45～18：15　新潟グランドホテル
第1講演者：田中　通泰 氏（亀田製菓（株）代表取締役会長・CEO）
第2講演者：中山　輝也 氏（（株）キタック 代表取締役会長）
第3講演者：玉川　基行 氏（（株）玉川堂 代表取締役社長（7代目当主））
第4講演者：葉葺　正幸 氏（和僑商店・古町糀製造所・今代司酒造・他 代表取締役）

自由論題等：
9月6日（木）10：00～11：30　院生セッション，英語セッション，ワークショップ
　　　　　　 15：30～16：50　自由論題Ⅰ
9月7日（金）　9：30～11：30　自由論題Ⅱ
9月8日（土）10：00～12：00　自由論題Ⅲ
　　　　　　 15：40～16：20　学会賞セッション

懇親会：
日　時：　9月7日（金）18：30～
場　所：　新潟グランドホテル
〒951-8052　新潟市中央区下大川前通3ノ町2230番地

※2018年3月22日時点の大会プログラム概要です。